上海高校智库上海对外经贸大学国际经贸治理与中国改革开放联合研究中心丛书

中国世界贸易组织评论

China WTO Review

第 4 辑

张　磊　应品广　主　　编
高田甜　执行主编

U0950256

对外经济贸易大学出版社
中国·北京

图书在版编目（CIP）数据

中国世界贸易组织评论. 第 4 辑 / 张磊，应品广主编
. —北京：对外经济贸易大学出版社，2022.11
（上海高校智库上海对外经贸大学国际经贸治理与中国改革开放联合研究中心丛书）
ISBN 978-7-5663-2453-5

Ⅰ. ①中… Ⅱ. ①张…②应… Ⅲ. ①世界贸易组织–研究 Ⅳ. ①F743.1

中国版本图书馆 CIP 数据核字（2022）第 217495 号

中国世界贸易组织评论
China WTO Review
第 4 辑

张 磊 应品广 **主编**

责任编辑：张俊娟

出版发行：对外经济贸易大学出版社
社 址：北京市朝阳区惠新东街 10 号
网 址：www.uibep.com
资源网址：www.uibepresources.com
邮政编码：100029
邮购电话：010－64492338
发行部电话：010－64492342
E-mail：uibep@126.com

成品尺寸：210mm×285mm
印 张：8.5
字 数：212 千字
ISBN 978-7-5663-2453-5
印 刷：北京九州迅驰传媒文化有限公司
版 次：2022 年 11 月北京第 1 版
印 次：2022 年 11 月第 1 次印刷
定 价：49.00 元

本书出版得到教育部国别和区域研究备案基地世界贸易组织研究中心、上海高校智库国际经贸治理与中国改革开放联合研究中心的支持。

SC-GTEG
上海高校智库
上海对外经贸大学

国际经贸治理与中国改革开放联合研究中心

Shanghai Center for Global Trade and Economic Governance (SC-GTEG)
Shanghai University of International Business and Economics (SUIBE)

编 委 会

主　　编：张　磊　应品广

执行主编：高田甜

编　　委：（按姓氏拼音首字母排序）

龚柏华　贺小勇　胡加祥　孔庆江

李伟芳　宋晓燕　屠新泉　王海峰

杨国华　杨建锋　余敏友　周小康

主编简介

张　磊

▶ 世界贸易组织讲席（特聘）教授，上海对外经贸大学贸易谈判学院院长、世界贸易组织讲席（中国）研究院院长

世界贸易组织（WTO）中国讲席特聘教授（WTO任命）、世界贸易组织亚太区贸易政策培训课程中心（RTPC）负责人；上海对外经贸大学贸易谈判学院和世界贸易组织讲席（中国）研究院院长、上海高校智库国际经贸治理与中国改革开放联合研究中心主任；教育部国别和区域备案基地WTO研究中心主任；教育部高层次国际化人才培养创新实践基地负责人。对外经济贸易大学世界经济专业、比利时布鲁塞尔自由大学法学博士生导师。

2000年获上海财经大学（1999年在香港城市大学）经济学博士学位。2011年获世界知识产权组织、国际劳工组织、意大利都灵大学知识产权法硕士（LLM in IP）学位，是世界知识产权组织培养的第一位中国高校教师。先后入上海财经大学和中国社会科学院法学所博士后流动站，并任世界贸易组织秘书处、美国哈佛大学和美国乔治城大学访问学者。担任世界知识产权组织仲裁员、联合国贸发会议虚拟学院协调人、联合国亚太经社理事会ARTNeT联络人、中国商务部经贸政策咨询委员会全球价值链专家和企业知识产权海外维权援助专家、国家科技专家库专家、中国服务贸易协会首席谈判专家以及*China and WTO Review*期刊学术指导。主持国家社会科学基金重点项目、国家自然科学基金项目，商务部、教育部、上海哲学社会科学项目以及世界贸易组织总干事委托课题等多个项目，在权威核心期刊发表论文数十篇。研究方向为WTO、法经济学和知识产权。

应品广

► 上海对外经贸大学**WTO**亚太培训中心执行主任、贸易谈判学院副院长、世界贸易组织讲席（中国）研究院副院长

应品广，男，法学博士，上海对外经贸大学WTO亚太培训中心执行主任、贸易谈判学院副院长、世界贸易组织讲席（中国）研究院副院长、上海高校智库国际经贸治理与中国改革开放联合研究中心副主任。先后在新加坡管理大学、澳大利亚昆士兰科技大学、比利时布鲁塞尔自由大学等国外大学担任访问学者，并曾挂职首届中国国际进口博览会，兼任中国服务贸易协会专家委员会副理事长、上海市法学会竞争法研究会副秘书长、亚洲竞争法协会理事、华东政法大学竞争法研究所兼职研究员、上海大学竞争生态研究中心顾问专家。主持完成国家社会科学基金项目1项和中国法学会部级课题1项，参与教育部、商务部等部级项目以及世界贸易组织和联合国贸发会议等国际组织项目共10余项，出版独著3部、合著3部，参编教材1部，发表中英文论文30余篇。研究专长为竞争政策与国际经贸治理。

卷首语

世界贸易组织讲席计划（WTO Chairs Programme，简称 WCP）旨在通过在全球范围内选拔院校设立世界贸易组织讲席并与之长期合作、资助讲席特聘教授的学术活动以此推动国际贸易和贸易合作领域的教育、研究和信息传播，加强发展中国家的学术界、公众、政策制定机构对贸易体制的认知和理解。世界贸易组织秘书处在提供技术援助时会将这些机构视为官方合作伙伴。

2009 年 11 月，经过与全球 70 多个国家的大学的激烈竞争，上海对外经贸大学最终成为世界贸易组织（含关贸总协定时期）历史上的首批讲席院校，贸易谈判学院（前身为“WTO 研究教育学院”）院长张磊教授同时被任命为世界贸易组织历史上的首批讲席特聘教授（WTO Chair Holder）。作为我国世界贸易组织讲席的承担单位，上海对外经贸大学贸易谈判学院已经发展为世界贸易组织秘书处全球学术网络的核心层，学院也逐渐成为国际著名的世界贸易组织学术机构。2018 年 10 月，经过激烈竞争，上海对外经贸大学申报的世界贸易组织亚太培训中心中标，成为世界贸易组织亚太区贸易政策新一期合作伙伴。这意味着上海对外经贸大学成为世界贸易组织全球 7 个培训伙伴中，在中国设立的唯一区域培训合作伙伴，同时也是中国高校首次获得该项目的全球培训资格。

依托世界贸易组织讲席计划，上海对外经贸大学与世界贸易组织、联合国国际贸易中心（ITC）、联合国贸发会议虚拟学院（UNCTAD VI）、联合国亚太经社理事会贸易研究与培训网络（UNESCAP/ARTNeT）等国际机构建立了合作关系，与世界上主要世界贸易组织学术机构建立了密切的合作关系。上海对外经贸大学还设立了世界贸易组织法硕士点，开发了国内唯一由世界贸易组织秘书处专家设计的、与国际著名院校保持一致的研究生课程体系，并成立了世界贸易组织讲席（中国）研究院、教育部国别和区域研究备案基地世界贸易组织研究中心等学术研究机构，承担了大量的国内外科研项目，取得了很多重要成果。

在此背景下，上海对外经贸大学贸易谈判学院和世界贸易组织讲席（中国）研究院精心筹备推出了《中国世界贸易组织评论》（China WTO Review），旨在构建一个全新的观点交流平台，容纳来自不同领域的关于世界贸易组织研究的真知灼见，为世界贸易组织改革以及中国参与国际经贸治理提供学术给养和决策建言。

本卷设置了 WTO 新议题探析、WTO 改革研究、WTO 与新冠肺炎疫情防控专论以及学术会议综述四个栏目。WTO 新议题探析收录三篇文章，对多边贸易谈判中的产业补贴、欧盟碳边境调节机制的 WTO 适法性问题以及 WTO 与 FTA 争端解决机制管辖权冲突的解决路径等新议题进行全方位的深入探讨，提出了一系列独特的观点和见解；WTO 改革研究共收录三篇文章，围绕国有企业改革、上诉机构危机应对、WTO 安全例外条款的滥用等重要问题对 WTO 改革的路径进行了多维度的剖析；WTO 与新冠肺炎疫情防控专论共收录两篇文章，结合新冠肺炎疫情在全球肆虐的特殊背景，分别解读了全球公共卫生危机背景下药品试验数据保护的例外规定、抗疫医疗产品出口限制措施的应用；学术会议综述对“2021 国际经贸治理论坛”与会专家的观点进行了综述。

感谢所有作者为本卷问世的辛勤耕耘。期待《中国世界贸易组织评论》（China WTO Review）在社会各界的支持下越办越好！

张　磊　应品广
上海对外经贸大学贸易谈判学院
世界贸易组织讲席（中国）研究院

目 录

WTO 新议题探析

WTO 改革研究

WTO 与新冠肺炎疫情防控专论

学术会议综述

WTO 新议题探析

◎ 多边贸易谈判中的产业补贴议题研究

◎ 欧盟碳边境调节机制的 WTO 适法性问题研究

◎ WTO 与 FTA 争端解决机制管辖权冲突的解决路径兼论“一带一路”争端解决机制的借鉴和完善

多边贸易谈判中的产业补贴议题研究

徐正则

内容提要：世贸组织改革涉及的产业补贴议题引起各方关注。新冠肺炎疫情暴发前，美国、欧盟和日本连续 7 次发表三方联合声明，要求就引起市场扭曲和不公平竞争的产业补贴议题在世贸组织框架内制定新的多边规则。新冠肺炎疫情以来，美欧日出台大量产业补贴政策，涉嫌违背世贸组织现有补贴规则，这为中国参与产业补贴议题谈判带来新的契机。为此，在回顾分析关贸总协定/世贸组织 70 多年多边纪律的基础上，本文提出中国参与产业补贴议题谈判的主要路径，包括坚持以“经济体制包容性”替代“市场扭曲”作为产业补贴议题谈判的理论基础，坚持包括农业、工业和服务业的全口径产业补贴议题谈判，坚持补贴规则与反补贴规则的双向平衡性，以及坚持产业补贴议题谈判的多边化主渠道。

关键词：新冠肺炎疫情；世贸组织改革；产业补贴；贸易谈判

2017 年以来，美国单方面无端指责中国产业补贴（industrial subsidy）① 问题并发起贸易战，美国、欧盟和日本连续 7 次发表三方联合声明，剑指中国所谓“引起市场扭曲和不公平竞争”的产业补贴议题。中国与美欧日等发达成员就产业补贴议题在世贸组织进行多次辩论，尽管已有产业补贴议题的具体内容和蓝本，但各方尚未进入实质性多边谈判磋商阶段。新冠肺炎疫情全球大流行以来，美欧日等纷纷出台包括明显产业补贴内容的产业政策以保全经济和就业，涉嫌违背世贸组织现有规则。2021 年初，以伊维拉女士就任世贸组织总干事和拜登就任总统美国政府逐步回归多边为标志，世贸组织改革进入新阶段，世贸组织秘书处和主要成员围绕产业补贴议题的争论时隐时现②，这将影响世贸组织的未来走向和中国的经贸利益。如果说疫情前的产业补贴议题辩论为“隔空叫阵”，那么当下的产业补贴议题谈判可能会演变为“短兵相接”。疫情之下及后疫情时期的多边贸易体制类似第二次

【作者简介】徐正则，英国伦敦大学学院（UCL）学生，研究方向为国际经贸与金融，电子邮箱：zhengze.xu.19@ucl.ac.uk。

① 在世贸组织语境中，工业补贴也称为非农补贴，除了制造业补贴外，还包括正在谈判的渔业补贴以及个别成员倡议磋商的能源补贴、环保补贴等。工业补贴不同于农业补贴（国内支持），也不同于服务业补贴，属于多哈回合非农市场准入谈判领域。在美欧近几年的话语体系中，特别是奥巴马政府和特朗普政府时期，工业补贴主要特指制造业补贴，特别是导致产能过剩的有害工业补贴，这是本文重点讨论的议题。详见：Non-agricultural market access negotiations. https://www.wto.org/english/tratop_e/markacc_e/markacc_negoti_e.htm.

② 补贴议题散布在世贸组织各谈判委员会上，发达成员试图进行议题引导。比如，2021 年 6 月 23 日世贸组织成员贸易和环境委员会（CTE）会议中，欧盟、新西兰、加拿大、英国等提出化石燃料补贴改革、贸易和循环经济等议题。详见：Members discuss sustainable food, fisheries and new environmental initiatives. https://www.wto.org/english/news_e/news21_e/envir_02jul21_e.htm.

世界大战（简称“二战”）后布雷顿森林体系的时势重演，如何制定世贸组织产业补贴新规则对所有成员都是一场大考，对综合经贸实力不断提升的中国来说，这是参与多边贸易体制和国际经贸治理难得的机会窗口。基于以上研究背景，本文将尝试进一步厘清世贸组织语境下的产业补贴议题，研究疫情前后全球产业补贴政策的异同点，探究中国参与世贸组织改革涉及产业补贴议题谈判的新路径，既可努力实现国际经贸理论和实践创新，也有助于为中国参与多边贸易谈判提供学术技术支撑。结合笔者在瑞士日内瓦的观察和思考，本文试图回答以下几方面问题：第一部分探讨产业补贴议题及多边纪律约束的历史沿革；第二部分探讨美欧日三方声明关于产业补贴议题的谈判诉求及制定新的多边规则的领域，研究疫情下美欧日产业政策的新动向及其与世贸组织规则的合规性；第三部分分析中国参与世贸组织产业补贴议题谈判的主要路径；第四部分是研究结论与政策建议。

一、产业补贴议题及多边纪律约束的历史沿革

在日内瓦贸易外交圈有一种不成文的看法，美国挑起的中美贸易战及其他经贸摩擦的一个重要背景是“不兼容论”和“不适用论”（Curtis J. Milhaupt and Li-Wen Lin，2013；Mark Wu，2016）[①]，即中国的社会主义市场经济体制与世贸组织不兼容，世贸组织多边规则不适用于中国的产业补贴政策，难以管束中国制造产能过剩和市场扭曲的政策做法。简要回顾多边贸易体制历史，本文发现，与谈判人士和学术界的一般认知相反，缔约方/成员的经济体制多样性成就了关贸总协定/世贸组织，这是本文研究世贸组织改革产业补贴议题的逻辑起点。

（一）经济体制多样性激发多边贸易体制的活力

从关贸总协定/世贸组织历史看，中东欧原社会主义国家和日本的加入带来了经济体制的多样性，成为多边贸易体制力量和活力的源泉，同时也提出了市场扭曲和产业补贴问题，并通过更新和弥补多边贸易规则，以及通过多轮贸易回合谈判达成类似“东京规则”的形式处理过这些问题，进而增强了多边贸易体制的吸引力。1994 年，乌拉圭回合一揽子谈判不仅通过《农业协定》《补贴与反补贴措施协定》《服务贸易总协定》《民用航空器贸易协定》等多边或诸边协定制定了农业、工业和服务业等三大产业的补贴纪律[②]，还将“临时性”的关贸总协定转化为具有法律地位的国际组织——世贸组织。但是，美欧日希望新加入成员通过遵守多边补贴纪律融入自由放任的市场经济体制，进而削弱经济体制的多样性。

2008 年国际金融危机及随后发达成员政府进行经济干预，救助通用汽车、花旗银行等大企业、大金融机构免于破产的事实证明，经济制度趋同的幻觉无法落地。市场经济是高度多变的制度安排，市场化是面向竞争的制度演进的开放式进程，而不是一个明确的经济体制终点。不同国家或者单独关税区加入世贸组织后，对标多边贸易规则，实施了动态化的市场经济过程。随着时间推移，成员间出现了各种新的和异质的市场机制。

---

① Curtis Milhaupt 等（2013）、Mark Wu（2016）较早探讨了中国的独特经济模式与世贸组织规则的关系，并认为国有企业助推了中国经济中的“国家资本主义”现象和公私相互联系的中国例外经济模式，世贸组织解决能力有限，需要为此制定新的规则框架。2017 年 1 月特朗普上台后，此观点逐步在瑞士日内瓦流行，成为美欧对华提出工业补贴等议题的“理论基础”。

② WTO, Subsidies and countervailing measures. https://www.wto.org/english/tratop_e/scm_e/scm_e.htm.

（二）美欧日将经济体制多样性与“贸易扭曲”挂钩

1995 年初世贸组织成立后，特别是 2001 年中国加入世贸组织后，经济全球化和全球价值链发展导致全球产业链供应链分工更为细化，企业国际化分段式生产提高了要素生产率，但关于世贸组织成员经济体制多样性合法边界的产业补贴纪律，同时受到来自美欧日等发达成员的关注。2008 年夏季，多哈回合谈判即将成功，最终却被美国和印度之争断送，全球贸易治理机制变革就此出现了转折点①。在二十国集团（G20）升格为主要国际经济治理平台的背景下，以美国为代表的发达成员面对自身经济实力锐减、世贸组织成员增多、贸易谈判协商一致决策机制等，无力引领多边贸易体制的进程和重新主导制定国际经贸新规则，世贸组织的谈判、审议和争端解决三大功能严重受损。为此，他们将自身失责推卸给“贸易扭曲”或“市场扭曲”等概念。

“贸易扭曲”或“市场扭曲”是已被纳入世贸组织的一个概念，散见于农业、工业品、服务业和民用航空器等多边贸易规则体系中。从法理上看，与“市场扭曲”相关联的产业补贴认定标准，是有用的贸易救济工具，也是世贸组织成员征收反补贴税等的依据。如果成员之间对贸易救济方式及救济程度存有分歧，可能通过协商、斡旋、仲裁乃至争端解决等途径进行纠偏。应当说，成员之间的经济体制多样性是全球贸易治理的系统性力量，法律技术可以解决成员之间的贸易冲突或贸易不稳定问题。随着一大批成员加入世贸组织，美欧日等发达成员固守某种程度的经济社会制度趋同幻觉，期望新加入成员向发达成员市场经济体制模式进行转型。

在中国、俄罗斯等世贸组织成员经济体制多样性的现实面前，界定“市场扭曲”概念成为美欧日维护自身利益的必需功课，世贸组织成员的经济贸易活动，如出现跨境外溢影响，造成市场扭曲，多边贸易规则则赋予“受害”成员权力，保留自由裁量权，根据自身市场供求情况认定公平贸易的标准，并采取贸易防御措施，要求提供补贴的成员全面及时地进行通报，在通报信息不完整不准确的情形下，“受害”成员收集信息进行反向通报，或者对补贴产品直接征收惩罚性关税，进而减少“受害者”的经贸损失。

从上可以看出，多边贸易体制是由不同经济体制之间的相互依存形成的，它通过设置政策工具“接口”或“缓冲机制”来缓解“受害”成员的不满和经济困难。在经济体制多样性方面，美国希望以自身的市场经济体制为样板，建立“公平贸易”的共识，进而消除“市场扭曲”的负面影响，当然是不可能的。作为次优选择，贸易防御措施可以使不同的经济体制更适应世界贸易流动变化的负担，美国和欧盟根据自身经济体制和治理架构，分别就波音、空客大飞机提供产业补贴，又相互指控对方提供非法产业补贴。美国要求日本实行自愿出口限制，以应对日本东亚式的市场经济体制。

（三）经济体制多样性依然是未来世贸组织改革的重要依托

多边纪律约束的历史提醒我们，促进市场价值和贸易自由化便利化一直是关贸总协定/世贸组织成员的重要目标，但维护关贸总协定/世贸组织成员经济体制的多样性和创新能力也是如此，1955 年日本加入关贸总协定、2012 年俄罗斯加入世贸组织、2015 年哈萨克斯坦加入世贸组织等恰恰证明了这一点，这说明成员之间的制度创新一直是平衡的，并非只有美国标榜的自由市场经济制度。1995 年初美国《乌拉圭回合协议法案》明确规定，美国

① 2008 年 7 月 29 日，美欧拒绝在扭曲国际贸易的农业补贴上作出让步，同时印度与美国在农产品特别保障机制（special safeguard mechanisms）方面存在分歧并相互指责，在日内瓦开展的多哈回合谈判功败垂成。

国内法高于世贸组织法，这是在设计关贸总协定之初，美国自认为自身经济体制运作良好而留下的后门。

但是，近年来，美国无法接受中国加入世贸组织带来的经济红利和经济贸易实力迅速增强的现实，同时多边贸易防御机制抵消一国“市场扭曲”行为的功能降低，奥巴马政府转而发起跨太平洋伙伴关系协定谈判等对华进行围堵，特朗普政府直接对华发起贸易战，并在多边贸易体制上进行规则层面的封锁。比如，美国强力阻扰世贸组织上诉机构成员遴选导致其最终瘫痪，贸易争端失去“二审”机制的直接后果是执行多边贸易规则变为软约束。又如，美国和欧盟无视《中国加入世贸组织议定书》第 15（a）（ii）条相关规定自加入世贸组织 15 年后自动到期的事实，而继续采用价格比较等非市场经济方法对中国进行反补贴调查①。再如，围绕《补贴与反补贴措施协定》第 1 条“公共机构”② 解释，美国试图翻案而引发争议。美欧日等发达成员单方面认为，现有多边贸易规则不足以约束中国的非市场经济活动，即使对中国补贴产品征收反补贴税，在特定情形下导致贸易转移，也不能完全消除补贴行为构成的潜在经济竞争威胁。

（四）经济体制与产业补贴之间没有直接关联性

回顾和梳理多边纪律约束的历史沿革，我们可以总结如下：第一，关贸总协定/世贸组织框架下，经济体制的多样性催生了多边贸易体制的活力，在一定程度上缓解了不同经济体制成员的紧张经贸关系。第二，界定“市场扭曲”概念散见于农业、工业和服务业的多边贸易协定中，但是没有明确的概念定义和适用范围。产业补贴行为导致的市场扭曲程度及补救办法由缔约方/成员自行实施，在谈判中可以事先预防，比如《中国加入世贸组织议定书》第 15 条的相关规定，也可以在贸易实践中通过反补贴等贸易救济措施加以矫正。第三，GATT 缔约方/WTO 成员的经济体制多样性与产业补贴及其导致的“市场扭曲”问题之间并非难以相容。持续多年的波音—空客大飞机补贴案③ 表明，所谓的市场经济体制成员同样会实施产业政策进行产业补贴，解决之道是继续通过贸易谈判，努力就产业补贴和市场扭曲议题建立成员间的“缓冲”机制，这为当下推进世贸组织改革涉及的产业

---

① 《中国加入世贸组织议定书》第 15 条涉及美欧对华发起反倾销和反补贴调查时的价格比较基准，由于美欧单方面认定中国为“非市场经济地位”，通常适用第三国的倾销“替代国价格”或补贴“外部基准”，但是《中国加入世贸组织议定书》和世贸组织多边协定没有规定市场经济或非市场经济地位标准，“非市场经济地位”是美欧的国内法规定。参见：冯军．中国“入世”议定书第 15 条与“市场经济地位”问题探讨．国际商务研究，2016（6）．

② 《补贴与反补贴措施协定》第 1 条“补贴的定义”，其中第 1.1（a）（1）条的表述为“存在由政府或任何公共机构提供的财政资助”（there is a financial contribution by a government or any public body）。此表述出现在中国诉美国反倾销和反补贴税贸易争端案件（案件编号：DS 379）中，世贸组织上诉机构就“公共机构”做出了公正裁决，但美国对此表达了异议。详见：DS 379: United States — Definitive Anti-Dumping and Countervailing Duties on Certain Products from China. https://www.wto.org/english/tratop_e/dispu_e/cases_e/ds379_e.htm.

③ 2004 年 10 月，欧盟与美国之间的大型民用客机补贴贸易争端案在世贸组织争端解决机制历经多次原诉和被诉，持续到 2021 年 3 月 5 日宣布休战。当日，欧美发布《欧盟和美国关于大型民用飞机世贸组织争议的联合声明》，称欧美相互暂停飞机争端及涵盖飞机和非飞机产品的关税争议，减轻行业和工人负担，同时指出双方休战的目的之一是应对“来自非市场经济体（例如中国）的新进入者的扭曲做法和挑战”。参见：Joint Statement of the European Union and the United States on the Large Civil Aircraft WTO Disputes(05/03/2021). https://trade.ec.europa.eu/doclib/docs/2021/march/tradoc_159458.pdf; DS 316: European Communities and Certain member States — Measures Affecting Trade in Large Civil Aircraft. https://www.wto.org/english/tratop_e/dispu_e/cases_e/ds316_e.htm; DS 317: United States — Measures Affecting Trade in Large Civil Aircraft. https://www.wto.org/english/tratop_e/ dispu_e/cases_e/ds317_e.htm.

补贴议题提供了新的谈判思路。

二、疫情前后美欧日制定产业补贴规则的谈判诉求

新冠肺炎疫情前，2017 年 12 月至 2020 年 1 月，美国、欧盟、日本三方贸易代表发布了 7 份联合声明①，声明主题主要围绕产业补贴和市场扭曲展开。新冠肺炎疫情全球大流行以来，美欧日等发达成员实施超大规模财政、货币、产业等宏观政策，通过“抄作业”和“以工人为中心”的贸易政策，直接或间接给予产业补贴，其倡导的尊崇自由市场经济精神的经济范式发生了改变，为中国参与多边贸易谈判提供了新的契机，进而给世贸组织改革产业补贴议题谈判和制定新的多边贸易规则提供了新的视角。

（一）疫情前美欧日制定产业补贴规则的谈判诉求

疫情暴发前，在美国特朗普政府时期的贸易代表莱特希泽的主导下，美国、欧盟、日本发布了 7 份联合声明（见表 1），从其推动世贸组织改革涉及产业补贴规则的诉求看，既有解决世贸组织面临危机的表象，也有背后的真实打压所谓的非市场经济成员的意图。三方声明的总基调认为，世贸组织是基于市场导向的国际经贸规则，无法管制“市场扭曲”或“扭曲贸易”的非市场行为和产业补贴做法，尽管三方声明没有提及中国，但声明内容主要为中国“量身定做”。三方声明要求针对产能过剩、产业政策和国有企业等经济主体和经济活动更新多边规则特别是产业补贴规则，各方要澄清“补贴”的定义以及“公共机构”的概念，目的是扩大禁止性补贴的范围，将其与产能过剩挂钩，同时将“公共机构”与国有企业相关联，构筑新的更大范围的规则约束机制，这是美欧日推进世贸组织改革的实质内容。

表 1　　2017 年 12 月至 2020 年 1 月美欧日针对产业补贴议题的联合声明

	时间和地点	涉及产业补贴议题的关键词	实施途径
1	2017 年 12 月 12 日，阿根廷布宜诺斯艾利斯	“大量扭曲市场补贴”“消除第三国歪曲市场和其他不公平的市场扭曲”等	世贸组织和其他论坛
2	2018 年 3 月 10 日，比利时布鲁塞尔	“制定更严格的产业补贴规则”“加强关于扭曲贸易做法的信息共享”等	世贸组织、二十国集团等
3	2018 年 5 月 31 日，法国巴黎	“加快讨论关于产业补贴和国有企业可能的新规则”“附件 1：制定更严格的产业补贴规则”“附件 3：市场导向条件”等	世贸组织、经合组织等
4	2018 年 9 月 25 日，美国纽约	“关注第三国非市场化政策和做法的声明”“产业补贴和国有企业声明”等	世贸组织等

① 参见美国贸易代表办公室网站（https://ustr.gov），7 份联合声明的题目分别为：(1) Joint Statement by the United States, European Union and Japan at MC11; (2) Joint Readout from Meeting of the United States, European Union and Japan in Brussels; (3) Joint Statement on Trilateral Meeting of the Trade Ministers of the United States, Japan, and the European Union; (4) Joint Statement on Trilateral Meeting of the Trade Ministers of the United States, Japan, and the European Union; (5) Joint Statement of the Trilateral Meeting of the Trade Ministers of the European Union, Japan and the United States; (6) Joint Statement of the Trilateral Meeting of the Trade Ministers of the United States, European Union, and Japan; (7) Joint Statement of the Trilateral Meeting of the Trade Ministers of Japan, the United States and the European Union。每份联合声明的内容指向不尽相同，但明显指向中国的“补贴”和“工业补贴”字样贯穿了全文，共出现 66 次，显然“工业补贴”成为美欧日的具体贸易关注。

续表

	时间和地点	涉及产业补贴议题的关键词	实施途径
5	2019 年 1 月 9 日，美国华盛顿	“非市场政策和做法、面向市场的条件、产业补贴和国有企业”“春季之前完成产业补贴三边文本，与其他世贸组织主要成员接触”等	世贸组织
6	2019 年 5 月 23 日，法国巴黎	“提高产业补贴透明度、有害补贴、以案文为基础”“加强产业补贴规则以解决市场扭曲问题”等	世贸组织、经合组织等
7	2020 年 1 月 14 日，美国华盛顿	“加强世贸组织关于产业补贴的现有规则”“世贸组织上诉机构对公共机构的解释损害了补贴规则效力”“市场导向条件对于贸易体系的重要性”等	世贸组织、钢铁论坛、半导体论坛等

资料来源：作者根据美国贸易代表办公室网站（www.ustr.gov）相关信息整理。

由表 1 可以看出，美欧日等主要世贸组织成员围绕处理“产业补贴”和“市场扭曲”问题，持续投入了大量行政资源，并根据世贸组织贸易谈判变化和进展，随时调整处理产业补贴的策略，7 次联合声明均由美国贸易代表、欧盟贸易委员和日本经济产业大臣“一把手”联合发布，足见其高调和重视产业补贴议题。从联合声明的主要内容，可以窥见其在世贸组织改革产业补贴议题上的主要谈判诉求。

1. 产业补贴议题的谈判目标剑指中国

美欧日三方认为，产业补贴议题是确保全球贸易公平竞争环境的重要环节。政府资助和支持的产业补贴扭曲市场，造成不公平竞争条件，加剧关键产业产能过剩，这关系到世界贸易的正常运作和全球经济的可持续增长。为此，美欧日三方加强世贸组织框架下的三边合作，通过合作维持现有纪律，制定新的产业补贴纪律，确定更严格的产业补贴规则基础，提高世贸组织监测职能的有效性和效率，加强关于扭曲贸易做法的信息共享，消除第三国歪曲市场和其他不公平的市场扭曲和保护主义做法。尽管产业补贴议题的谈判目标没有点名中国，但谈判目标的字里行间明显冲着中国而来。随后，美国单独向世贸组织提交相关提案，而中美在世贸组织总理事会等谈判机构的辩论又进一步印证了美欧日三方的政策指向。

2. 设定市场条件标准为产业补贴议题谈判做后盾

美欧日认为，非市场经济体制是提供产业补贴和扭曲市场的根源。为了在产业补贴谈判中占据主动地位，它们对照非市场经济体制，首先设置市场经济条件，以此作为产业补贴的前提。这些条件包括：企业根据市场信号自由决定价格、成本、投入、投资、采购和销售；资本、劳动力、技术等生产要素价格由市场决定；对企业或影响企业的资本分配根据市场信号自由决定；企业遵守国际公认的会计准则；企业受公司法、破产法、私有财产法约束，以及政府没有对企业经营决策进行重大干预①。1992 年我国实行社会主义市场经济体制以来，市场手段在资源配置中逐步发挥了决定性作用，美欧日提出的 7 个市场导向条件，也是我国深化改革开放和完善市场经济体制的应有要义。

3. 提出产业补贴的具体谈判诉求

美欧日经过多次磋商，针对所谓大规模扭曲市场的产业补贴造成的不公平竞争，制定

① 参见美欧日第 3 份联合声明（2018 年 5 月 31 日）中的“附件 3：市场导向条件”（Annexed Statement 3：Joint Statement on Market Oriented Conditions）。

了更严格产业补贴规则的内容框架，主要是澄清和改进世贸组织关于产业补贴的现行规则体系，寻求与“大量主要产业补贴提供者”（中国）进行谈判，以确保“某些新兴发展中成员”（中国）不逃避其适用。产业补贴谈判的具体诉求包括三个方面：第一，提高产业补贴的通报透明度。一些世贸组织成员没有通报其境内给予或维持产业补贴的状况，这妨碍了其他世贸组织成员评估产业补贴对贸易的影响以及了解产业补贴的运作情况。因此，世贸组织成员应同意充分履行其通报义务，制定直接或间接的激励措施。第二，解决公共机构和国有企业问题。公共机构和国有企业是某些成员驱动经济增长的支柱和经济体制的特征，政府通过这些实体影响经济治理。为此，应更好地解决公共机构和国有企业扭曲市场的行为，确定一个实体被定性为公共机构的依据，附加公共机构和国有企业额外义务和规则。第三，制定更有效的产业补贴规则。直接禁止最有害的产业补贴，补贴国有企业时必须证明不会对他人造成商业损害，制定与产能过剩有关的产业补贴新规则。美欧日似乎站在商业和道义的国际制高点上，提出的关于产业补贴的谈判诉求具有明确的指向性，其背后理论和实践逻辑是，美欧日自身不存在产业政策和产业补贴，而有害的产业补贴是与非市场经济体制和扭曲贸易密切关联的，是中国等非市场经济体制国家的“显著特征”。事实上，美欧日自身也存在产业补贴，特别是大量的农业补贴和产业补贴。新冠肺炎疫情暴发以来，美欧日一反常态，超大规模实施各类涉嫌违反世贸组织现有规则和其提议的产业补贴新规则的产业政策，这给世贸组织改革产业补贴议题谈判带来了新的场景。

（二）疫情下美欧日产业补贴新动向及其多边规则的合规性

新冠肺炎疫情暴发以来，美欧日遭遇疫情大流行、口罩和其他关键物资流转不畅、产业链供应链受阻等难题，备受民众诟病。随着美欧日转换经济政策范式，政府推出一系列产业补贴做法，强力干预和助推国内产业运行。

1. 美欧日政府制定产业补贴政策和规划

作为工业化发达国家，美欧日曾以补贴、政府优惠政策等干预措施扶持重点产业。新冠肺炎疫情以来，这些国家开始“重抄旧业”，制定产业政策规划，通过直接拨款、税收优惠等多种方式补贴国内企业，直接推动重构国内产业链供应链。美国推出供应链百日计划，通过政府直接投资、退税和税收优惠、税收抵免赠款、政府融资、救援基金、贷款和长期股权投资计划，以及美国进出口银行融资、政府采购优惠、美国开发金融公司融资工具等各种产业补贴方式，立即采取加强美国半导体制造与先进封装、大容量电池、关键矿物和材料、药物和高级药物成分四个产业供应链的行动。欧盟《新产业战略》推动标准化和认证体系建设，减少外国补贴造成的市场扭曲，推动各国开放公共采购市场以及能源和资源产业绿色化，加大对数字化和转型创新发展的投资和融资，提升欧盟产业战略自主权，推动发展关键技术。美欧日这些产业政策和规划包含了大量产业补贴内容，旨在推动新冠肺炎疫情下传统日用消费品和医疗产品制造业的回归和供应链韧性，是美国等西方政府经济政策范式转变的重要标志，也是美欧日参与世贸组织改革产业补贴议题谈判的理论逻辑和政策实践。

2. 美欧日政府直接进行新能源汽车、半导体等战略性产业的专项补贴

美国拨款 520 亿美元建立美国芯片生产激励基金和无线网络供应链创新基金，建设新的半导体制造厂；拨款 810 亿美元提供实施“美国制造”计划等科研补贴，通过购买美国产品提升美国国内制造业能力，提升网络防护和人工智能水平。美国基础设施投资和就业法案投资 1 700 多亿美元，要求到 2030 年所有新型乘用车和轻型卡车，电池电动、插电式

混合动力或燃料电池电动的车型占比为 50%，优先考虑制定标准，扩大关键基础设施，刺激关键创新，维护从零部件和设备制造到最终组装的美国汽车全供应链①。欧盟将其在全球半导体制造能力中的占比增加了近 1 倍，达到 20%。日本把半导体定位于支撑产业基础的“国际战略物资”，设立半导体开发基金，把日本变成亚洲数据中心。美国等西方国家政府为促进电动汽车、电池、医药和半导体等战略性产业发展匆忙推出一系列产业补贴和政府干预举措，一方面适应疫情后供应链短缺和工业品战略自主性不足的新态势，另一方面希望战略性产业居全球领先地位，在未来国际经济竞争中获取优势，为此需要制定国际经贸新规则达到领先和打压他国产业初期发展的效果。

3. 疫情下美欧日提供产业补贴的做法有违世贸组织现有规则

美欧日均为世贸组织创始成员，对现有多边贸易规则熟稔于心。疫情之下，政府大规模提供产业补贴的做法如果没有事先合规性审查，那就是明知故犯。GATT（关贸总协定）1994 第 16 条和《补贴与反补贴措施协定》第 1～2 条对补贴作出了定义，即政府或任何公共机构提供财政资助和政府资金的直接转移，如收入或价格支持、投资、委托赠款、贷款担保、低价提供货物和服务、直接购买货物、税收减免等，这些补贴的性质具有专向性。据此规则看，美欧日提出的产业补贴做法与多边规则的补贴定义较为一致，符合世贸组织关于产业补贴的定义，同时专向指定支持半导体、新能源汽车、医药、关键材料等产业发展。《补贴与反补贴措施协定》第 3～7 条列明了禁止性补贴和可诉补贴，禁止性补贴主要指出口补贴和进口替代补贴，世贸组织成员“不得给予或维持”，属于禁止性的违规补贴，可诉补贴是指除禁止性补贴以外的其他补贴，各国可以实施此类补贴，但不能对其他成员利益造成不利影响。美国进出口银行、美国开发金融公司、日本基金等对半导体等产业提供融资支持，构成禁止性出口补贴。美国利用政府采购对国内生产提供资助、欧洲投资银行资助产业战略自主、日本基金资助制造业回流本土等做法，涉嫌构成禁止性的进口替代补贴。这些例证说明，新冠肺炎疫情下美欧日产业补贴并不“干净”，违背了世贸组织现有规则，为其倡导世贸组织产业补贴议题谈判挖了自己的“墙角”，也为中国谋划多边产业补贴议题提供了历史契机。

三、中国参与世贸组织产业补贴议题谈判的主要路径

关于多边产业补贴议题，1973 年 9 月至 1979 年 7 月的关贸总协定第七轮东京回合多边贸易谈判首次达成了“补贴和反补贴税守则”。在此基础上，乌拉圭回合多边贸易谈判达成《补贴与反补贴措施协定》并实施至今。严格来说，目前各方关注和研究的世贸组织改革涉及的产业补贴议题起源于 2017 年 12 月在阿根廷布宜诺斯艾利斯举办的世贸组织第 11 届部长级会议。在世界百年未有之大变局下，世贸组织改革被美欧日等发达成员提上议事日程，中国面临产业补贴议题谈判和国内改革的强大压力，而新冠肺炎疫情全球大流行使大变局加速演进，美欧日的经济政策范式快速调整，中国参与世贸组织改革、支持多边贸易体制的时和势也在明显变化。事实上，新冠肺炎疫情前后，国际经贸形势发展变化很快，疫情前美欧日指责的“坏”政策变成了疫情后的“好”政策，所以原则上讲，政府干预具

① Whitehouse. President Biden Announces Steps to Drive American Leadership Forward on Clean Cars and Trucks. https://www.whitehouse.gov/briefing-room/statements-releases/2021/08/05/fact-sheet-president-biden-announces-steps-to-drive-american-leadership-forward-on-clean-cars-and-trucks/.

有一定合理性，有时候政府提供补贴的宏观政策界限并不清楚①。根据美欧日等发达成员“带疫解封”和产业政策回归的新动向，具体在产业补贴议题谈判领域，中国在构建新发展格局的进程中，有必要调整谈判目标和策略，进而在多边贸易谈判中占据主动地位，争取最大经贸利益。

（一）中国坚持以“经济体制包容性”替代“市场扭曲”作为产业补贴议题谈判的理论基础

如前所述，关贸总协定/世贸组织的历史沿革表明，无论是当初的关贸总协定缔约方，还是后来的世贸组织成员，多边贸易体制接纳了不同社会制度和经济体制的加入者，经历了乌拉圭等 8 轮多边贸易回合谈判，关税水平降低，非关税壁垒减少，为世界贸易增长提供了稳定、透明和可预期的经贸规则环境，同时为多边贸易体制带来了动力和活力。当前，产业补贴议题成为不同社会制度和经济体制成员不断博弈的产物。

循着美欧日认为产业补贴导致“市场扭曲”的谈判思路，它们所认为的所谓“非市场经济国家”没有坚持市场导向条件，提供了大量产业补贴，扰乱了公平贸易的国际市场，进而“扭曲了市场”。因而，需要对“扭曲市场”的产业补贴进行多边约束。这是美欧日发起产业补贴议题谈判的理论基础。疫情期间，美欧日政府提供了涉嫌违背世贸组织现有规则的产业补贴，同样扭曲了市场经济，对其他世贸组织成员形成不公平竞争。所以，产业补贴与不同类型的经济体制没有必然的关联性。为此，在未来的产业补贴议题谈判中，中国应釜底抽薪，建立自己的谈判话语权体系，将产业补贴议题的理论基础转移到“经济体制包容性”上，强调产业补贴是一国产业政策的组成部分，是工业化进程不可或缺的政策工具。主要路径是中国在世贸组织总理事会提出类似提案，凝聚更多的新兴经济体成员，非洲集团、最不发达国家集团等其他成员谈判集团加入联合署名。中国主导的“经济体制包容性”提案要素大致应包括：

第一，经济体制是高度多变的制度安排。市场化改革是不同世贸组织成员实现制度变迁的开放式进程，而不是所谓自由资本主义的制度终点。多边贸易体制 70 多年的演变说明，不同成员根据不同的经济政策动态发展，出现了德国、瑞典、日本、中东欧国家等多种“新”的经济体制，这本身就是包容性的重要体现。在“新”“旧”不同经济体制下，特别是新冠肺炎疫情以来，不同成员进行产业补贴的表现形式和用途各异。

第二，经济体制的差异性是产业补贴的内在要求。不同成员之间经济体制的异质性意味着，市场经济体制没有普世的标准，在产业补贴议题方面，制定单一的国际经贸规则无法反映经济体制的多样性现实②。不同经济体制提供的产业补贴具有其内在的经济合理性，这与其产业内生创新能力、产业发展阶段、产业研发强度等相关。产业补贴具有弥合市场失灵、维护公平竞争市场环境、支持弱势中小企业和创造新的市场需求等功能。

第三，经济体制的差异性不应成为成员间贸易摩擦的根源。产业补贴是世贸组织成员产业政策的组成部分，因为经济体制的差异性，产业补贴的范围和程度也不同。《补贴与反补贴措施协定》第 1.2 条对产业补贴有明确的限定范围，即属于专向性补贴或禁止性补贴，同时具有对国际贸易秩序的外溢效应。也就是说，世贸组织成员只有一定比例的产业补贴

---

① 江小涓. 我在国务院工作 14 年的一些感悟. 廉政瞭望，2021（9）：42－43.

② Andrew Lang. Heterodox markets and “market distortions” in the global trading system. Journal of International Economic Law, 2019, 22(4): 677–719, https://doi.org/10.1093/jiel/jgz042.

“与贸易相关”，这些与贸易相关的产业补贴才有可能导致“贸易扭曲”或“市场扭曲”，这与经济体制没有逻辑联系。

（二）中国坚持包括农业、工业和服务业在内的全口径产业补贴议题谈判

美欧日倡导的产业补贴议题贸易谈判仅仅局限于产业补贴，并不涉及农业补贴、服务业补贴。农业补贴一直是美欧的短板和软肋，一直为发展中成员以及主要农业生产和出口国组成的凯恩斯集团所诟病。1995 年以来，美国、欧盟分别向世贸组织补贴委员会提交了 10 多次补贴通报①，涉及联邦政府和地方政府补贴、欧盟层面和成员的补贴情况。其中，农业补贴占比较大，资金拨付补贴主要集中在农业领域，如欧盟 2021 年至 2027 年共同农业政策预算达 3 870 亿欧元。研发、创新、电影和其他媒体、提升竞争力等服务业补贴是美国和欧盟产业政策的重点，如“2021 美国创新与竞争法案”②、“地平线欧洲计划”（2021 年至 2017 年）③等。因此，将农业补贴与产业补贴、服务业补贴统一纳入世贸组织产业补贴议题谈判，美欧日与中国等成员互有攻防利益，将对美欧日形成制衡的谈判作用。

为此，中国坚持包括农业、工业和服务业在内的全口径产业补贴议题的主要谈判要素可考虑：

第一，逐步削减并最终取消农业“综合支持量”（AMS）。“综合支持量”衡量政府支持国内农产品生产者的技术指标，包括政府预算支出和从消费者向生产者转移的收入，其结果将导致市场价格扭曲。美欧日等享受较高的“综合支持量”，可以提供允许水平的黄箱补贴，对国际农产品贸易造成了严重扭曲。中国和其他大多数发展中成员没有“综合支持量”，甚至保障粮食安全所必需的收储政策也无法有效实施。在产业补贴议题谈判中，发达成员承担最终取消农业“综合支持量”的义务，发展中成员相应获取关于粮食安全公共储备永久解决方案的权利。

第二，“有害”产业补贴与“有益”产业补贴的谈判内容并行。美欧日三方联合声明中多次提及直接禁止“有害”补贴，包括无限担保、对资不抵债或陷入困境的企业提供补贴、对产能过剩行业和僵尸企业提供补贴、直接免除债务等，预计将反映在产业补贴议题谈判中。“有益”产业补贴是根据德国古典经济学家李斯特“踢梯子”行为而提出的，是借鉴欧盟国家援助审查机制（State Aid）的豁免条款。“有益”产业补贴包括对受到国外歧视性待遇影响的企业提供补贴、对实现碳中和及碳达峰的行业和企业提供补贴、对地理偏远经济落后地区提供补贴以及对提升原始创新能力行业和企业提供补贴等，进而为工业化进程中

---

① 美国 2021 年 7 月 14 日提交了最新的补贴通报（世贸组织文件编号：G/SCM/N/372/USA），涉及农业、能源、造船、地区发展等领域；欧盟 2021 年 7 月 16 日提交了最新的补贴通报（世贸组织文件编号：G/SCM/N/372/EU），涉及农业、能源、研发、渔业等领域。详见：https://www.wto.org/english/tratop_e/scm_e/scm_e.htm.

② 美国参议院于 2021 年 6 月通过“2021 美国创新与竞争法案”，其中包括为“无尽前沿法案”（Endless Frontier Act）、“战略竞争法案”（Strategic Competition Act）以及 2021 年早些时候成为法律的“为在美国生产半导体创造有益激励法案”（Creating Helpful Incentives for Producing Semiconductors for America and Foundries Act）提供资金。“无尽前沿法案”将在美国国家科学基金会设立新理事会，旨在重振美国对新兴技术的研究和开发。“战略竞争法案”设定外交政策目标条款以对抗中国的技术治国方略。参见：Congress，S. 1260 – United States Innovation and Competition Act of 2021. https://www.congress.gov/bill/117th-congress/senate-bill/1260/text；Congress，S. 4982 – Creating Helpful Incentives for Producing Semiconductors for America and Foundries Act. https://www.congress.gov/bill/116th-congress/senate-bill/4982/text.

③ “地平线欧洲计划”预算为 955 亿欧元，主要用途为资助研究和创新项目、影响欧盟政策制定进程、提高欧盟竞争力和促进增长。参见：Horizon Europe. https://ec.europa.eu/info/research-and-innovation/funding/funding-opportunities/funding-programmes-and-open-calls/horizon-europe_en.

的发展中成员创造产业发展机会。

第三，谈判更新《服务贸易总协定》第 15 条。具体包括：制定必要的服务贸易补贴多边纪律，限制补贴对服务贸易的扭曲作用；处理对服务贸易征收反补贴税的程序性问题，为发展中成员服务贸易补贴提供灵活性，克制使用反补贴调查措施；鉴于服务贸易产业门类众多，各成员有义务就服务贸易补贴向世贸组织及时进行通报。

（三）中国坚持补贴规则与反补贴规则的双向平衡性

1995 年世贸组织成立至今，世贸组织成员共发起 600 多起反补贴调查，其中针对中国的案件占比约 1/3，中国是反补贴调查的最大受害方。现行世贸组织补贴和反补贴规则存在不公平、不平衡、缺失和模糊之处，美欧日在强化补贴规则的同时，在实践中滥用反补贴调查规则的情况大量存在，为自己滥用反补贴调查不断“造法”。它们针对中国和国有企业类别的歧视性做法日益增加，没有充分考虑中国的中小企业和公共利益，严重干扰了正常国际贸易秩序。同时强化补贴与反补贴规则，有利于稳固中国作为世界货物贸易和服务贸易大国的地位，同时实现世贸组织产业补贴议题谈判的攻防利益平衡。

在产业补贴议题谈判涉及的补贴规则方面，重点做到两点：

第一，恢复不可诉补贴（“绿色补贴”）并扩大范围。《补贴与反补贴措施协定》第 4 部分规定了两大类不可诉补贴，即不具有专向性的补贴和符合特定要求的专向性补贴，具体包括：基础研究、市场竞争前开发活动等研究性补贴，根据地区发展总体规划给予贫困地区的贫困性补贴，促进企业改善现有设施以适应法律法规新要求的适应性补贴。不可诉补贴条款具有临时适用性，即《建立世贸组织协定》生效之日起的 5 年期限内适用，因此已于 1999 年底期满失效，导致不可诉补贴自动归入可诉补贴。

第二，澄清“公共机构”认定标准。世贸组织规则认定补贴主体为政府或“公共机构”，并被争端解决机制上诉机构明确裁决。而美欧日三方声明多次将“公共机构”和国有企业并列，要求讨论确定一个实体被定性为“公共机构”的依据，为“公共机构”和国有企业确定额外义务和规则。在产业补贴议题谈判中，我国应坚持“公共机构”的既定认定标准，反对泛化“公共机构”的概念。“公共机构”是“拥有、行使或被赋予政府权力”的实体，而不是很抽象的“政府职能”，也不是股权或人事任命权意义上的“政府控制权”的实体。

在产业补贴议题谈判涉及的反补贴调查规则方面，重点是防止反补贴措施滥用，同时改进反补贴调查透明度和正当程序，加强反补贴措施的效果和合规性评估。在谈判中，特别应强化反补贴调查中出现的价格比较及其比较基准确定的多边纪律。《中国加入世贸组织议定书》第 15（b）条关于补贴利益认定“存在特殊困难”的情形比较模糊，被美欧日对华反补贴调查钻了空子。它们以中国为非市场经济为由，直接适用其他国家的“外部基准”来确定涉华补贴利益，这种做法导致中国企业承担不适当的高额反补贴税。

强化多边纪律的核心在于：其一，明确适用“外部基准”是个案的例外情形，不得将“外部基准”作为事实上的一般标准和原则。反补贴调查必须遵守《补贴与反补贴措施协定》第 14 条“根据接受者所获利益计算补贴金额”的有关规定。其二，明确适用“外部基准”的前提条件是出现政府作为价格制定者和企业作为价格接受者之间的循环论证，否则计算补贴利益首先以国内市场通行条件为比较基准，在证据标准方面，反补贴调查方承担“外部基准”的举证责任，进而以多边规则有效约束单边反补贴措施滥用。

（四）中国坚持产业补贴议题谈判的多边化主渠道

世贸组织改革中的产业补贴议题谈判可以有两种模式。其一是开放式诸边谈判，即志同道合的世贸组织成员发起小范围谈判，如《政府采购协定》。诸边谈判成果达到关键多数的门槛后，小范围的诸边补贴规则也实现多边化，对所有世贸组织成员适用，如《信息技术扩围协定》。其二是多边谈判，即所有世贸组织成员共同参与不同议题谈判，如目前正在开展的渔业补贴谈判。

日内瓦贸易外交圈公认，中国是开放式诸边谈判模式的首倡者并成功付诸实施。在世贸组织各项决议均以协商一致方式作出存在困难的情况下，中国很巧妙地发挥作用，主动提出开启投资便利化议题开放式诸边讨论，从最初的大多数世贸组织成员采取观望态度，到目前已有 100 多个成员加入，投资便利化议题已经成为 2021 年 11 月瑞士日内瓦第十二届部长级会议最有前景的成果之一。受到中国创新谈判模式的启发，一些成员开启了电子商务、服务贸易国内规制、中小微企业等开放式诸边谈判，这是中国为加强多边贸易体制作出的贡献。但是，开放式诸边谈判模式不能简单复制到产业补贴议题上，主要原因在于，这既不是技术法律障碍，也不是经贸规则问题，而是一场成员间的政治博弈。

第一，产业补贴议题的起点是美欧日 7 次三方联合声明，从某种程度上说，美欧日已经形成了微型的开放式诸边谈判模式，但其谈判目的是阻碍中国经贸发展，为中国量身定做新规则，中国与美欧日参与谈判的起跑点并不平等。一旦美欧日发起产业补贴议题开放式诸边谈判，其他发达成员和哥斯达黎加、韩国、智利等部分经合组织新兴经济体成员可能会加入其中，非洲国家、拉美国家可能不会参加，而谈判形成的产业补贴规则对中国不适用或者中国成为产业补贴规则的搭便车者，这会与美欧日的谈判目标相悖。

第二，如果美欧日强行与中国共同开启产业补贴议题开放式诸边谈判，巴西、印度尼西亚、土耳其、肯尼亚等少数发展中成员为了共享产业补贴谈判信息也可能选择加入，由于其国内产业补贴有限，谈判利益不大，因此他们将作为谈判的旁观者。在美欧日和其他发达成员的谈判围攻下，中国很难在产业补贴谈判中获得应有的权益。如果中国坚持拒绝美欧日关于“有害”补贴、国有企业、产能过剩等方面的无理谈判要价，阻挡达成产业补贴诸边协定，那么中国需要承担产业补贴议题谈判失败的政治责任。

第三，农业补贴处于多边框架下，《补贴与反补贴措施协定》管辖的产业补贴、服务业补贴等本质上也属于多边范畴。中国主张农业补贴、产业补贴、服务业补贴全口径谈判必须在多边框架下才能实现，而美欧日主张的“有害”补贴内容游离于多边之外，走多边谈判模式耗时且难有谈判成果。因此，中国应坚持产业补贴议题的多边谈判模式，以“农业补贴”为攻，以换取“产业补贴”为守，形成攻防利益相对平衡的谈判路径，与谈判立场相近的成员共同防止美欧日在世贸组织制定表面上非歧视、实际上针对中国的新多边补贴规则。

四、研究结论与政策建议

2021 年是中国加入世贸组织 20 周年，也是新冠肺炎疫情给世贸组织带来挑战的关键一年。年初上任的世贸组织总干事伊维拉将重启谈判功能和取得贸易谈判成果作为提振各方信心的试金石，产业补贴议题是其关注的重要内容。新冠肺炎疫情全球大流行导致世贸组织成员纷纷调整国内经济政策，美欧日政府加大经济干预力度，国内政策优先取向较为明显，并逐步外溢影响到瑞士日内瓦谈判场所。本文回顾了多边贸易体制历史沿革中的缔约方/成员经济体制的多样性，分析了新冠肺炎疫情前后美欧日关于产业补贴谈判立场和国内政策的变化特点。在敏锐观察到美欧日经济政策范式转换和美国拜登政府重返多边的基础上，提出了中国参与世贸组织改革产业补贴议题谈判的主要路径，旨在防止在产业补贴议题上再现新的“不利条款”。

同时，中美作为经贸大国和世贸组织重要成员，面对百年大变局下的经济全球化和贸易自由化的大势，出现了合作、竞争、对抗的不同方向。以往，美国竖起自由贸易大旗，重视世贸组织的作用和地位，与中国以开放促改革促发展促创新的开放理念可以说是“大同小异”，合作是主旋律，竞争和对抗的领域相对有限，中美维护了双赢或多赢格局。当前，美国对华出现严重战略焦虑，国内政治氛围和经济政策也反映到日内瓦谈判场所，比如在渔业补贴谈判中加入“强制劳动”要素①，推进产业补贴议题谈判的目的是继续给中国贴上“非市场经济”的标签，在世贸组织孤立中国，以“有害”补贴为借口，混淆“公共机构”与国有企业的概念，进一步推定中国所有出口产品均接受了政府产业补贴，进而达到全面遏制中国出口的目的。

为此，建议放弃中美可以继续在多边领域相互借力的幻想，在世贸组织改革产业补贴议题上做好两手准备。对内，抓紧构建新发展格局，在推进供给侧结构性改革中做好国内产业布局、行业整合和产能配置改革，不断为多边产业补贴议题谈判进行压力测试，提供可供选择的产业补贴备选方案。对外，重点防范美欧日三方声明的负面效应，结合疫情下美欧日产业补贴政策的新动向和美国“以工人为中心”的贸易政策，引导产业补贴议题谈判向技术性的共性补贴方向推进，最大限度打破对中国可能形成的多边谈判围堵，确保不断与时俱进的世贸组织为未来一个时期的中国经济社会发展营造良好外部环境。

① 劳工标准议题在世贸组织谈判中一直备受争议，在 1996 年世贸组织新加坡部长级会议、1999 年世贸组织西雅图部长级会议上均进行过激烈辩论。发达成员认为，世贸组织制定包括童工和强迫劳动在内的劳工规则和纪律可以改善工作场所条件，实现“国际一致性”；发展中成员认为劳工规则削弱了低工资的贸易优势，并阻碍其贸易能力。为此，劳工标准未被纳入多哈回合谈判议题，也未获得谈判授权。美国拜登政府上台后，其“以工人为中心”的贸易政策已在世贸组织谈判中渗透，并有与工业补贴挂钩的新走向。2021 年 7 月 15 日，美国贸易代表戴琪在世贸组织渔业补贴谈判部长级会议上提出，有害渔业补贴带来强迫劳动问题，并威胁海洋资源的可持续性。详见：Ambassador Katherine Tai’s Remarks at WTO Ministerial Meeting on the Fisheries Subsidies Negotiations. https://geneva.usmission.gov/2021/07/15/ambassador-tais-remarks-at-wto-ministerial-meeting-on-the-fisheries-subsidies-negotiations/.

欧盟碳边境调节机制的 WTO 适法性问题研究

——以同类产品和例外条款为视角

冯静茹

内容提要：欧盟碳边境调节机制对 WTO/GATT 同类产品的认定和例外条款的适用提出了挑战。在同类产品的认定中，边境税标准下欧盟碳边境调节机制中的同类产品判断具有不确定性，所含不同排放量的产品有很大可能依然被视为同类产品。生产和加工方法标准在 WTO 框架下有很大的适用空间作为碳边境调节机制中同类产品的认定标准。例外条款的适用尽管也有不确定性，但是其援引成功的可能性会更高。我国应加强多边层面的集体行动、双边层面的协商和合作以及国内层面应对碳边境调节机制的能力和制度建设。

关键词：欧盟碳边境调节机制；气候变化；同类产品；GATT 例外条款

气候变化是当前最具全球性挑战的问题之一，国际社会成员纷纷作出“碳中和”的减排目标承诺，实施国内减排措施，以应对气候变化，实现全球的绿色低碳发展。多个国家或地区采用以市场机制为基础的碳减排手段，其中包括欧盟碳排放交易机制（EU Emission Trading Scheme, EU ETS）和欧盟碳边境调节机制（Carbon Border Adjust Mechanism, CBAM）。随着欧盟 CBAM 措施的公布，国际气候变化规则和国际贸易规则的相互作用力和潜在冲突也得到了越来越多的关注。[①] 对于碳边境税和 WTO/GATT 之间的关系，尽管学者尚未达成一致意见，[②] 但共识之一在于碳边境税是否符合 WTO 规则取决于该措施的具体设计和实施规则。据此，本文将基于欧盟 CBAM 提案文本，讨论 WTO 规则对欧盟 CBAM 适用的两个具体问题：其一是欧盟 CBAM 能否依据产品生产过程的排放挑战 GATT 第 3 条下的“同类产品”；其二是欧盟 CBAM 能否援引 GATT 第 20 条例外条款证明该措施在国际贸易规则下的合法性问题。

【作者简介】冯静茹，上海财经大学法学院讲师，研究方向为国际法，电子邮箱：fjrfxz@126.com。

① 联合国贸易发展组织. 欧盟碳减排新机制或将对发展中国家出口产生不利影响.（2021－07－14）[2021－08－02]. https://news.un.org/zh/story/2021/07/1087992.

② Weber R. Border Tax Adjustment-Legal Perspective. Climate Change, 2015(3): 407－417.

一、欧盟碳边境调节机制措施的具体适用

欧盟作为气候变化减缓和适应措施的积极推动者，提出碳边境调节机制，并于2021年7月14日正式公布《欧洲议会和欧洲理事会建立碳边境调节机制规定立法提案》文本。欧盟CBAM是在《欧洲绿色协议》中首次正式提出的，① 它是欧盟碳市场改革的重要内容之一。欧盟CBAM的实质，是对进口到欧盟的特定产品实施碳定价（carbon pricing），确保欧盟进口产品和欧盟本土产品承担相同的碳排放成本，以保障欧盟的减排措施不会导致碳泄漏的问题，进而实现2050年碳中和目标。② 此次欧盟提案文本规定了CBAM的适用方式、涵盖范围、进口商的义务、过渡期和豁免事项。下文将对上述内容进行概括性描述，并分析本文提出的两个问题。

第一，在适用方式上，欧盟委员会曾公告过四种可能的方案，包括方案一对进口到欧盟的产品征收碳关税，方案二对欧盟境内产品和进口产品征收碳税，方案三扩大适用EU ETS至欧盟的进口商品，方案四是依据EU ETS的经验，设立专门适用于进口产品的名义上的碳排放交易机制（certificate）。③ 从公布的提案文本可以看出，欧盟最终采用了第四种方案，要求产品进口商在进口特定产品时，需要根据产品生产过程中产生的排放（embedded emissions），向欧盟成员国购买相应的产品碳含量进口许可（certificate）。欧盟CBAM许可的价格由EU ETS的拍卖价格决定，具体而言，CBAM许可价格取决于EU ETS拍卖的每周成交平均价格。

第二，在部门范围上，欧盟CBAM选择从碳泄漏风险最大并且碳排放量最高的类别入手，目前仅包括5类，即水泥、电力、农药、钢铁和铝相关产品，其中又细分为水泥4个子类、农药5个子类、钢铁12个子类、铝8个子类。在过渡期结束前，欧盟将考虑是否纳入新的产品。

第三，进口商的义务。欧盟进口商应向进口国政府申请注册登记，经批准后成为授权的进口商。进口商需要记录和保存进口的产品数量和产品包含的碳排放量的相关数据。在每年5月31日之前，进口商应向进口国政府报告其上一年度的进口数量和进口产品包含的碳排放量，向进口国政府上交商品碳含量的CBAM许可。进口商需每年购买并提交足额CBAM电子证书，当然进口商可以在履约期的任意时间购买该许可。

第四，为了确保欧盟和非欧盟企业之间的公平竞争环境，欧盟CBAM设置了过渡期和过渡措施。CBAM将过渡期设置为2023年至2025年的三年，在过渡期内，进口商并不需要购买相应的CBAM许可，仅需要报告进口产品的数量和其相应的碳含量。CBAM计划自2026年起配合修订后的排放交易机制正式运行。同时，为避免欧盟企业获得双重保护，CBAM下进口产品需上交的排放量将根据欧盟同类产品企业获得的免费配额相应调整，即CBAM仅适用EU ETS下非免费分配配额的部分，直至2035年EU ETS取消免费

---

① Proposal for a Regulation of the European Parliament and of the Council establishing a carbon border adjustment mechanism. [2021－08－02]. https://ec.europa.eu/info/sites/default/files/carbon_border_adjustment_mechanism_ 0.pdf.

② European Green Deal: Commission proposes transformation of EU economy and society to meet climate ambitions. [2021－08－02]. https://ec.europa.eu/commission/presscorner/detail/en/ip_21_3541.

③ Towards a WTO-compatible EU carbon border adjustment mechanism(2020/2043(INI)[2021－08－02]. https://www.europarl.europa.eu/doceo/document/A－9－2021－0019_EN.pdf; 颜慧欣. 欧盟碳边境调整机制之WTO适法性初探. [2021－08－02]https://web.wtocenter.org.tw/Mobile/ page.aspx?pid=356177&nid=126.

配额。

第五，豁免事项。欧盟 CBAM 豁免范围分为两方面：一方面，针对已经和 EU ETS 相关联的国家，包括冰岛、列支敦士登、挪威和瑞士，其中前三个国家是 EU ETS 的成员国，瑞士碳市场则是和 EU ETS 建立了链接（linking）机制。另一方面，针对已经建立碳市场但目前尚未和 EU ETS 合作的国家。为了避免进口产品被双重征税，欧盟 CBAM 规定，如果外国生产商已经就生产过程中的碳排放，从相关碳排放市场购买过排放额度或缴纳过碳税，则进口商可以相应抵扣其应购买的欧盟碳进口许可。此外，如果出口国与欧盟达成了碳排放交易相关的协定，进口商亦可以相应抵减应购买的碳许可。①

从本质上说，欧盟 CBAM 是基于 GATT 边境税在气候变化方面具体适用的措施。根据 GATT 边境调整税工作小组 1970 年发布的《边境税调整工作组报告》，边境税措施是指全部或部分地影响目的地原则实施的任何财政措施，② 即根据目的地原则，能够免除部分或全部出口产品在出口国销售给消费者的同类国内产品的税收，或进口国依照国内同类产品，对进口产品征收部分或全部的税收。那么，欧盟 CBAM 措施是否可以依据产品所含排放量的不同而主张不属于同类产品呢？

二、WTO 同类产品标准对欧盟 CBAM 的适用分析

同类产品的概念对将 WTO 规则适用于欧盟 CBAM 措施至关重要。其一，GATT（下文分析基于 GATT 1994 内容，因而下文中出现的 GATT 条款皆为 GATT 1994 条文）通过第 2 条第 2 款（a）项的设置，赋予了 WTO 成员方可以对进口产品以税或费的形式实施边境措施的可能性，但是实施的条件为，“与境内产品或这一进口产品赖以全部或部分制造或生产的物品按本协定第 3 条第 2 款所征收的国内税相当的费用。”③ 其二，非歧视原则是 GATT 的核心内容，其包括第 3 条规定的国民待遇原则。根据 WTO 争端解决机构裁决的相关案例，一项措施是否违反 GATT 第 3 条一般需要评估三个条件：争议的进口产品和国内产品是同类产品，争议措施是影响产品的国内销售、出售、购买、运输、分销或使用的法律、规章或要求，进口产品的待遇低于国内同类产品的待遇。④ 因而，进口产品和国内产品是否具有同类性是决定是否符合国民待遇原则的首要因素。同类产品是 WTO 非歧视原则的基础性条件。对于欧盟 CBAM 措施而言，在生产过程中产生不同碳排放量的产品，究竟是“同类产品”还是“不同产品”呢？例如，使用煤炭发电生产的钢铁和使用天然气或可再生能源发电生产的钢铁，是否是同类产品？生产过程中不同的碳排放量能否成为判定不同类产品的标准？

GATT 文本本身并没有清晰地阐述同类产品的概念，这给同类产品的判断带来一定的

---

① Proposal for a Regulation of the European Parliament and of the Council establishing a carbon border adjustment mechanism. https://ec.europa.eu/info/sites/default/files/carbon_border_adjustment_mechanism_0.pdf. Carbon Border Adjustment Mechanism: Questions and Answers, https://ec.europa.eu/commission/presscorner/ detail/en/qanda_21_3661.

② GATT Working Party on Border Tax Adjustments. Report of the Working Party on Border Tax Adjustments. L/ 3464, BISD 18S/97(Dec. 2, 1970).

③ The General Agreement on Tariffs and Trade. https://www.wto.org/english/docs_e/legal_e/gatt47_01_e.htm; 关税与贸易总协定. http://policy.mofcom.gov.cn/pact/pactContent.shtml?id=1377.

④ Korea-Measures Affecting Imports of Fresh, Chilled and Frozen Beef, Report of the Appellate Body, para. 133, WT/DS161/AB/R, WT/DS169/AB/R (Jan. 10, 2001).

不确定性。[①] 然而，WTO/GATT 在实践中逐渐确立了一些衡量产品同类型的标准。其中，GATT 边境调整税工作小组于 1970 年发布的《边境税调整工作组报告》强调了评估同类产品的三个因素：第一，产品在特定市场的最终用途；第二，消费者的偏好、习惯、对产品的认知和行为反应；第三，产品的物理特性、性质和质量。[②] 之后，在 WTO 实践中又发展出产品的关税分类考量因素[③]。以上标准被称为确定同类产品的“边境税标准”。[④] 需要注意的是，WTO 上诉机构在“欧共体石棉案”中指出，判定是否为同类产品需建立在个案分析的基础上，综合考察各个不同的因素。[⑤] WTO 争端解决机构在判定产品同类型上拥有一定的自由裁量权。[⑥]

（一）边境税标准下对欧盟 CBAM 同类产品的判断

针对边境税标准中的四个考量因素，进口产品在生产过程中碳排放量的多少并没有影响到产品的最终用途和物理特性[⑦]。关税分类也不太可能根据产品生产中的碳排放量来区分不同产品。[⑧] 那么，消费者的偏好、习惯、对产品的认知和行为反应因素能否成为判定不同碳排放含量产品为非同类的标准呢？

关于消费者的偏好和习惯，上诉机构在“欧共体石棉案”中认为，消费者的偏好和习惯指消费者选择特定产品而非其他具有同类最终用途产品的因素，[⑨] 以及消费者在特定市场是否将两产品视为可互相替代产品。石棉的致癌性已得到充分证实，并且确定这一事实影响了“消费者的偏好和习惯”。上诉机构发现，如果消费者要在致癌石棉和不致癌的类似产品中选择，他们可能会选择后者，因此石棉及其产品如纤维素及玻璃纤维等不能被视为“同类产品”。[⑩]

---

① William J Snape III, Naomi B Lefkowitz. Searching for GATT's Environmental Miranda: Are “Process Standards”Getting “Due Process”?. Cornell International Law Journal, 1994, 27(3): 777 – 814.

② GATT Working Party on Border Tax Adjustments, Report of the Working Party on Border Tax Adjustments. L/3464, BISD 18S/97(Dec. 2, 1970).

③ Japan-Taxes on Alcoholic Beverages, Report of the Appellate Body, WT/DS8/AB/R, 1996.

④ EC-Measures Affecting Asbestos and Asbestos-Containing Products, Report of the Appellate Body, WT/DS135/AB/R, Apr. 5, 2001; WTO, Japan-Taxes on Alcoholic Beverages, Report of the Appellate Body, WT/DS8/AB/R, WT/DS10/AB/R, WT/DS11/AB/R, Oct 4, 1996. 参见石静霞．“同类产品”判定中的文化因素考量与中国文化贸易发展．中国法学，2012（3）：52.

⑤ EC-Measures Affecting Asbestos and Asbestos-Containing Products, Report of the Appellate Body, WT/DS135/AB/R, Apr. 5, 2001, para. 109.

⑥ Japan-Taxes on Alcoholic Beverages, Report of the Appellate Body, WT/DS8/AB/R, 1996, 19 – 21.

⑦ 有学者基于“欧共体石棉案”对产品物理特性和碳排放水平之间的关联性进行论证，认为碳排放尽管也会带来危害，但是不同于“欧共体石棉案”中健康危害来源于产品本身。参见王燕，张磊．相同碳关税抑或区别碳关税：WTO 框架下的选择——以“同类产品”的认定标准为视角．西部法学评论，2012（5）：129.

⑧ EC-Measures Affecting Asbestos and Asbestos-Containing Products, Report of the Appellate Body, WT/DS135/AB/R, Apr. 5, 2001, para. 146.

⑨ EC-Measures Affecting Asbestos and Asbestos-Containing Products, Report of the Appellate Body, WT/DS135/AB/R, Apr. 5, 2001, para. 117.

⑩ EC-Measures Affecting Asbestos and Asbestos-Containing Products, Report of the Appellate Body, WT/DS135/AB/R, Apr. 5, 2001, para. 152, 153.

在欧盟 CBAM 问题上，由于欧盟政府政策偏好[①]、社会环保意识和经济发展水平的影响，消费者偏好和习惯或许会使其更多地选择低碳环保产品，从而在判定低碳产品和碳密集型产品是否具有同类性中起到更重要的作用。然而，消费者偏好和习惯因素在欧盟 CBAM 中仍具有相当大的不确定性。首先，和“欧共体石棉案”相比较，虽然碳排放给人类社会和环境带来了挑战，但是不同于致癌石棉对人类健康的直接影响，碳排放对人类健康的影响更为间接，而且该影响和产品本身无关。其次，消费者需具备识别产品在生产过程中不同碳排放量的能力，[②] 才能够证明其对高碳强度和低碳强度产品的处理是不同的。最后，消费者群体的选择和消费者偏好的评估也是具有不确定性的。对于消费者群体的选择，“欧共体石棉案”中专家组就曾认为“需要考虑的各种消费者群体是非常不同的，所以这个标准不能提供一个明确的结果。[③] 在“美国丁香烟案”中，[④] 上诉机构认为，在确认消费者群体时也应该基于产品的竞争关系，由市场这一客观标准来确定，专家组应该评估产品的所有相关消费者，而非仅仅考虑产品的主要消费者。在“日本酒税案”中，专家组认为，应当将受定价机制和政策引导的消费者偏好从评估中剥离出来。[⑤] 同时，在“欧共体石棉案”中并没有提供具体数据评估消费者的偏好。[⑥] 因而，适用边境税标准对欧盟 CBAM 同类产品的判断具有不确定性，且碳排放量不同的产品有很大可能不被视为非同类产品。

（二）产品生产过程和生产方法（PPM）对欧盟 CBAM 同类产品的判断

对于直接排放，CBAM 适用的基础为产品生产过程中的碳排放量。那么 PPM 是否可以为欧盟 CBAM 提供产品不具有同类性的判断依据呢？根据 OECD 1994 年对环境标准的建议，PPM 可以分为“与产品有关的 PPM”（Product-Related PPMs, PR-PPM）和“与产品无关的 PPM”（No-Product-Related PPMs, NPR-PPM）。[⑦] 其中，前者会影响产品的最终性能，且产品会带来污染环境或损害消费者健康的风险；后者虽然在生产过程中会对生态环境产生不利影响，但不会影响到产品的最终性能。

尽管 GATT 传统标准确立了判断同类产品的四个因素，但是否可以根据 PPM 区分产品仍然是不确定的。在两起“金枪鱼案”中，该问题首次得到澄清。[⑧] 在“金枪鱼案”中，

---

① European Parliament, “Sustainable consumption helping consumers make eco-friendly choices”, https://www.europarl.europa.eu/RegData/etudes/BRIE/2020/659295/EPRS_BRI(2020)659295_EN.pdf, 最后访问时间: 2021 年 7 月 25 日。

② 例如需要建立碳标签或产品碳排放含量报告制度。

③ EC-Measures Affecting Asbestos and Asbestos-Containing Products, Report of the Appellate Body, WT/DS135/AB/R, Apr. 5, 2001.

④ United States-Measures Affecting the Production and Sale of Clove Cigarettes, Report of the Appellate Body, WT/DS406/AB/R, Oct. 3, 2014.

⑤ Japan-Taxes on Alcoholic Beverages, Report of the Appellate Body, WT/DS8/AB/R, Jan.8, 1998, para 5.7 – 5.13.

⑥ E Vranes. Climate Labeling and the WTO: The 2010 EU Ecolabelling Programme as a Test Case under WTO Law. European Yearbook of International Economic Law, 9 March 2010, Springer; Emily Barrett Lydgate. Consumer Preferences and the National Treatment Principle: Emerging Environmental Regulations Prompt a New Look at Old Problem. World Trade Review, 2011, 10(2): 184.

⑦ OECD. Processes and Production Methods: Conceptual Framework and Considerations on use of PPM-based Trade Measures. OECD/GD(1997).

⑧ GATT. Dispute Settlement Panel Report on United States Restrictions on Imports of Tuna, (1991)30 I. L. M. 1594[Tuna I]; GATT. Dispute Settlement Panel Report on United States Restrictions on Imports of Tuna, (1994)33 I. L. M. 839[Tuna II].

专家组认为，GATT 1994 第 3 条仅适用于影响产品本身的措施。美国《海洋哺乳动物保护法》（MMPA）为减少海豚伤亡，规定的是金枪鱼的捕捞方式，而没有直接调整金枪鱼产品的销售，不会对产品本身产生影响。[①]“金枪鱼案”提出一个门槛条件，即 PPM 标准需要和产品相关。换句话说，专家组认为如果 PPM 标准本身对产品产生影响，那么可以基于 PR-PPM 标准对贸易进行限制，而非 NPR-PPM 标准。

基于“金枪鱼案”，有观点认为，欧盟 CBAM 不可以依据 PPM 中的碳排放量来区分不类产品。本文认为，以 PPM 中碳足迹标准作为认定同类产品的因素具有一定的可能性。首先，到目前为止，WTO 上诉机构都没有明确拒绝或否认过 PPM 作为判定产品是否具有同类性的标准。[②]其次，美国麦芽糖饮料案[③]、美国标准汽油案[④]等案件都涉及 NPR-PPM 标准，但依然适用 GATT 第 3 条，说明“金枪鱼案”之后 WTO 司法实践对于和产品不相关的 PPM 采取不同的考虑。再次，如上文所述，《边境税调整工作组报告》和“欧共体石棉案”上诉机构意见都指出，判定同类产品的现有考量因素并不是穷尽（non-exhaustive）的，需建立在个案分析（cases-by-case approach）的基础上，综合考察不同的各个因素。[⑤]这也说明判定同类产品的标准是具有灵活性的。随着气候变化挑战的日益严重，争端解决机构或许采用“演进式”（evolutionary approach）的方法来解释同类产品标准。最后，如果欧盟 CBAM 适用 PPM 标准来认定产品是否具有同类性，在具体的适用方式上，上诉机构在“欧共体石棉案”中提出的消费者偏好和习惯、竞争导向型分析方法都可适用于 PPM 标准。

三、WTO 例外条款对欧盟 CBAM 的适用分析

GATT 第 20 条（b）项、（g）项经常被作为证明环境保护措施具有合法性的法律依据，GATT 第 20 条环境保护例外条款实现了保护环境和自由贸易之间的微妙平衡，在肯定环境保护价值优先性的同时，也对环境贸易措施采取严格的限定。欧盟 CBAM 措施的合法性问题也有必要基于 GATT 第 20 条例外条款进行判断，以保证 CBAM 措施对于环境保护目标是必要、公平的，符合正当程序，没有对贸易造成不合理的歧视或变相限制。下文主要基于 GATT 第 20 条（b）项、（g）项和前言部分进行分析。

（一）为保护人类、动物或植物的生命或健康所需的措施

GATT 第 20 条（b）项的适用需满足两个条件：第一，该措施是为了保护人类、动物或植物的生命或健康；第二，该措施是必要性的。

对于第一个条件，欧盟证明 CBAM 措施是为了保护人类、动物或植物的生命或健康并不困难。首先，WTO 已经有相关实践证明二氧化碳排放量的控制属于第 20 条（b）项的内

① Tuna I, supra note 4 at para. 5.14; Tuna II, supra note4 at para. 5.8 – 5.9.

② Steve Charnovitz. The Law of Environmental PPMs in the WTO: Debunking the Myth of Illegality. Yale Journal of International Law, 2002, p.61–62; Howse, Robert, Donald Regan. The Product/Process Distinction: An Illusory Basis for Disciplining Unilateralism in Trade Policy. European Journal of International Law, 2000, 11(2): 249 – 289.

③ United States—Measures Affecting Alcoholic and Malt Beverages, GATT Doc. DS23/R – 39S/206, June 19, 1992.

④ United States—Standards for Reformulated and Conventional Gasoline, Report of the Appellate Body, WT/DS/2/AB/R, Apr. 29, 1996.

⑤ EC-Measures Affecting Asbestos and Asbestos-Containing Products, Report of the Appellate Body, WT/DS135/AB/R, Apr. 5, 2001, para. 109.

容，在“巴西税收案”中，专家组指出，减少二氧化碳排放是 GATT 第 20 条（b）项所包括的内容之一，因为它属于保护人类生命或健康的范畴。[①] 其次，GATT 第 20 条（b）项强调的是生命或健康，因此经济目标并不是（b）项下的合法内容。基于此，欧盟委员会在 CBAM 拟订文本中，多次强调该措施的目的在于保护环境而非保护国内产业或竞争环境等经济目标。再次，当前气候变化导致的洪水、干旱等极端天气事件，政府间气候变化专门委员会（IPCC）的报告和欧盟一系列应对气候变化的举措都可以证明 CBAM 是为了保护人类、动物或植物的生命或健康。因而，对于欧盟 CBAM 而言，必要性要件的证明是援引 GATT 第 20 条（b）项的重点。

WTO 争端解决机构在“中国出版物和视听产品案”“韩国牛肉案”“巴西轮胎案”等案件中提出，在衡量 GATT 第 20 条（b）项“必要性”标准时，至少有三个因素需要考量：寻求保护利益的价值和重要性、措施和目标之间的关系以及可替代方案的可行性。下文主要基于以上三个因素分析欧盟 CBAM 是否满足“必要性”标准。

首先，关于寻求保护利益的价值和重要性因素。上诉机构在“韩国牛肉案”[②]“哥伦比亚纺织品、服装和鞋相关进口措施案”[③] 中指出，措施所追求的共同利益或共同价值越重要，该项措施就越容易通过必要性测试。在欧盟 CBAM 措施上，欧盟可以证明应对气候变化已经成为全球最为关切的问题之一。在国际法层面，《联合国气候变化框架公约》《京都议定书》《巴黎协定》为全球应对气候变化提供国际法基础，成员国需履行国际法上的减排义务。在减排目标层面，全球主要国家提出“21 世纪中叶碳中和”目标。[④] 同时，科学层面也可以证明应对气候变化已成为全球社会的共同利益之一。

其次，关于措施和目标之间的关系。在“巴西轮胎案”中，上诉机构认为，必要性不是指“不可避免”或“必不可少”，而是考量措施对所追求目标的实质性贡献。[⑤] 在考量中，会对各种因素做出定量或定性的分析以评估目的和手段的真实关系。对于欧盟 CBAM，第一，欧盟在其拟订文本中明确指出，其主要目标为降低欧盟碳减排措施导致的碳泄漏风险，为实现 2050 年碳中和目标作出贡献。[⑥] 第二，即使欧盟采取措施的目的在于解决碳泄漏风险，但如果受该措施影响的部门对碳泄漏的贡献较低，那么欧盟在证明措施和目的之间的实质性关系上也面临着挑战。[⑦] 因而，在当前 CBAM 拟订文本中，CBAM 仅适用钢铁、水泥、铝等碳密集型、碳泄漏风险较大的产品，以更好地证明 CBAM 措施和环境目标之间的关系。第三，上诉机构在“巴西轮胎案”中指出，措施与目的之间的关系也有可能不是即

---

① Brazil-Certain Measures Concerning Taxation and Charges, WT/DS472/R, WT/DS497/R, Aug. 30, 2017, para. 7.880. 这个案子主要参考的是交通运输排放对空气质量的影响，而不是对气候或大气层的影响。

② Korea-Measures Affecting Imports of Fresh, Chilled and Frozen Beef, Report of the Appellate Body, WT/DS161/AB/R, WT/DS169/AB/R, para. 162, Jan. 10, 2001, .

③ Colombia — Measures Relating to the Importation of Textiles, Apparel and Footwear, Report of the Appellate Body, WT/DS461/AB/R, June 7, 2016.

④ 碳中和：国际社会在行动.（2021－03－20）[2021－08－03]. http://www.chinado.cn/？p=11046#pretty Photo.

⑤ Brazil-Measures Affecting Imports of Retreaded Tyres, Report of the Appellate Body, WT/DS332/AB/R, Dec. 3, 2007, para. 151, 210.

⑥ European Green Deal: Commission proposes transformation of EU economy and society to meet climate ambitions, European Commission, 14 July 2021, https://ec.europa.eu/commission/presscorner/detail/en/ip_21_3541.

⑦ Michael A. Mehling, Harro Van Asselt, Designing Border Carbon Adjustments for Enhanced Climate Action, American Journal of International Law, July 2019, p. 19.

时性的，“某些措施的结果，比如为减轻全球气候变暖而采取的措施，就只能根据一段时间之后的效果而进行评估。”[①] 因而，尽管 CBAM 措施兼有事实上保护国内产业、提升国内产业竞争力的客观效果，然而在 CBAM 措施和降低碳泄漏风险之间的关系问题上，欧盟也不存在很高的证明难度。

最后，关于可替代方案的可行性。根据“石棉案”上诉机构的报告，该项考察的是是否有其他可替代措施可以实现相同的目的，且对贸易会有更少的限制性要求。[②] 值得注意的是，该因素与上述两个因素的不同之处在于举证责任，需由申请人举证证明存在合理的替代措施，同时该措施必须是现实可行的，而不仅仅是具有理论的可行性。关于其他可替代方案，欧盟或许会遇到来自其他国家援引多边环境协定的挑战，比如，《巴黎协定》第 6 条规定了气候变化创新机制，包括市场和非市场的方法。各国可以通过多边谈判，以国际合作、技术转让、资金支持、碳排放市场链接等方式解决碳泄漏问题，以应对全球气候变化，削弱欧盟通过单边措施减少碳泄漏的必要性。总的来说，替代方案在可行性方面具有不确定性，其受制于其他各国的合作形式、合作效果以及不同政策间的相互作用。

（二）与保护可用竭的自然资源有关的措施

根据 GATT 第 20 条（g）项，如果一项措施是与保护可用竭的自然资源有关的措施，此措施与限制国内生产或消费一同实施，那么实施该措施的国家可以豁免履行 GATT 下义务。下文将从三个方面分析欧盟 CBAM 措施是否适用 GATT 第 20 条（g）项：欧盟 CBAM 中保护的气候或者大气是否为可用竭的自然资源；欧盟 CBAM 措施是否与保护可用竭的自然资源有关；欧盟 CBAM 措施是否与限制国内生产或消费一同实施。

首先，欧盟 CBAM 中保护的气候或者大气是否为可用竭的自然资源。事实上，更为准确的表达应该是不受温室气体污染的气候或大气是否为可用竭的自然资源。“美国汽油标准案”认为，清洁的空气是一种可用竭的自然资源。[③] 之后“美国虾案”中确立了演进式解释，认为“可用竭的自然资源”应当基于国际社会对环境的关注以及 WTO 可持续发展的宗旨进行解释。[④] 基于《巴黎协定》和各国做出的“碳中和”承诺，可以有力地证明清洁安全的气候或大气是整个国际社会的关切，并且气候变化本身和生物多样性、大气平衡、海平面、淡水资源等自然资源是息息相关的，是维持地球生命形式所必需的条件。因而，清洁安全的气候或大气属于可用竭的自然资源。

其次，欧盟 CBAM 措施是否与保护可用竭的自然资源有关。上诉机构在“中国原材料出口限制措施案”中的解释认为，“有关”仅表示“有某种联系或者关联”，而不一定是“必不可少”或“必要的”[⑤]；“美国汽油标准案”中，上诉机构指出，“有关”的分析对象是争议措施本身，而不是分析措施的实际效果评估，同时或许只是“偶然或无意地针对保护

---

① Brazil-Measures Affecting Imports of Retreaded Tyres, Appellate Body Report, WT/DS332/AB/R, para. 151, Dec. 3, 2007.

② EC-Measures Affecting Asbestos and Asbestos-Containing Products, Report of the Appellate Body, WT/DS135/AB/R, para. 172, Apr. 5, 2001.

③ Panel Report, United States-Standards for Reformulated and Conventional Gasoline, para. 6.37, WT/DS2/R(May 20, 1996), as modified by the Appellate Body Report, WT/DS2/AB/R(May 20, 1996).

④ United States-Import Prohibition of Certain Shrimp and Shrimp Products, Report of the Appellate Body, WT/DS58/AB/R, para. 129, Nov. 6, 1998.

⑤ China-Measures Related to the Exportation of Various Raw Materials, Appellate Body Report, WT/DS394/ AB/R, para. 16, 357, Jan. 30, 2012.

可用竭自然资源这一目标”。[①] 因而，可以得出结论，GATT 第 20 条（g）项的要求要比（b）项更加宽松，[②] 不需要符合必要性标准，也不需要审查措施对目标的达成是否有实质性贡献，也不用证明替代性措施，只需证明争议措施和目标有一定程度的关联性即可，这一要求在 WTO 以往的争端解决案件中都是很容易满足的。WTO 争端解决机构对“有关”的解释是非常灵活的，也赋予了成员很大的行动自由度来促进环境保护目标达成。因而，在欧盟 CBAM 问题上，欧盟或许只需要提出，CBAM 措施旨在降低碳泄漏风险，实现 CBAM 是与保护可用竭的自然资源有关的目标。

最后，欧盟 CBAM 措施是否与限制国内生产或消费一同实施。依据“美国标准石油案”和“中国稀土案”中上诉机构的报告，该要素仅要求对国内产品和进口产品的施加限制是公正、公平的，而非要求对国内产品和进口产品的限制是完全相同的。[③] 就欧盟 CBAM 而言，适用 CBAM 的五个部门的国内生产商都已纳入 EU ETS 机制，缴纳配额，履行碳减排义务；甚至欧盟拟订文本提出，将逐步取消免费配额，在免费配额完全取消之前，CBAM 仅适用非免费配额部分。因而，欧盟 CBAM 措施符合该项要求。

（三）不能构成任意或不合理歧视或者对国际贸易的变相限制

欧盟 CBAM 适用 GATT 一般例外条款，除符合（b）项、（g）项要求，还需要满足 GATT 第 20 条的引言规定：欧盟 CBAM 措施不能在相同或相似成员间构成任意或不合理歧视，或不能构成对国际贸易的变相限制。需要指出的是，GATT 第 20 条引言部分考察的并不是措施本身，而是该措施在实践中具体的实施方式。[④]

1. 欧盟 CBAM 措施是否在相同或相似成员间构成任意或不合理歧视

关于任意或不合理歧视，上诉机构在“美国虾案”中指出，采取限制措施的成员方应考虑其他成员的不同情况，不能迫使其他成员方采取实质完全相同的措施，[⑤] 同时，采取限制措施的成员方应当善意地同 WTO 其他成员方进行谈判，旨在达成保护相关资源的协议。但是并不要求一定要达成国际协议，而是要求采取限制措施的成员方实施达成此种协议的努力。[⑥] GATT 第 20 条引言的目的是使采取限制措施的成员方在实施措施时遵守透明度和程序公正的要求，并为有关出口国提供听取意见或回应任何观点的正式途径，不能是随意和非正式的。[⑦] 因而，避免构成任意或不合理歧视，强调的是公平、正当程序、透明度、可预测以及协商机制。

基于欧盟 CBAM 所拟订的文本，本文认为欧盟 CBAM 在设计过程中，充分考虑到了

---

① Panel Report. United States-Standards for Reformulated and Conventional Gasoline, para. 6.37, WT/DS2/R(May 20, 1996), as modified by the Appellate Body Report, WT/DS2/AB/R(May 20, 1996)para. 19.

② 黄文旭. WTO 框架下碳关税的合法性分析——以 GATT 第 20 条例外为视角. 海关法评论，2013（1）：263.

③ Panel Report. United States-Standards for Reformulated and Conventional Gasoline, para. 6.37, WT/DS2/R(May 20, 1996), as modified by the Appellate Body Report, para 21, WT/DS2/AB/R(May 20, 1996); China-Measures Related to the Exportation of Rare Earths, Tungsten, and Molybdenum, Appellate Body Report, WT/DS431/AB/R, WT/DS432/AB/R, WT/DS433/AB/R, para. 5.134, Aug. 7, 2014.

④ GATT Panel Report, United States-Imports of Certain Automotive Spring Assemblies, para. 56, BISD 30S/107(May 26, 1983).

⑤ United States-Import Prohibition of Certain Shrimp and Shrimp Products, Appellate Body Report, WT/DS58/AB/R, para. 163, 164, Nov. 6, 1998.

⑥ United States-Import Prohibition of Certain Shrimp and Shrimp Products, supra note 2, para. 166.

⑦ United States-Import Prohibition of Certain Shrimp and Shrimp Products, supra note 2, para. 180－181.

WTO争端解决实践。第一，针对公平问题，欧盟CBAM设置了过渡期，以尽可能减少受影响国家的成本和负担，也给受影响国家留出适应时间以调整国内相关气候政策。CBAM允许外国生产商用生产过程中支付的碳排放相应抵扣其应购买的欧盟碳进口许可、扣除国内免费分配配额、进口商申报产品生产过程中的碳排放量、CBAM许可价格参照EU ETS价格等规定都可以成为欧盟主张CBAM符合公平性和正当程序的体现。第二，在谈判问题上，欧盟每年都积极参加并主导以《联合国气候变化框架公约》为基础的气候变化缔约方大会（COP），对于欧盟证明CBAM不构成任意或不合理歧视是一个有利的因素。然而，到目前为止，缔约方多边谈判并没有特别多地涉及CBAM，因而，以CBAM为主题的双边谈判，尤其是欧盟和受影响最大的其他出口国之间的善意、全面的谈判也是必要的。第三，尽管欧盟CBAM措施通过具体规定考虑到公平、正当程序和协商机制问题，但是欧盟CBAM也需要考虑到其他成员方的不同情况，尤其是发展中成员和最不发达成员的经济发展、温室气体历史排放量和贡献量、国际减排义务等情况。欧盟目前公布的CBAM文本中没有条款涉及对发展中成员和最不发达成员限制措施的特殊安排。因而，国际贸易制度中对发展中成员特殊与差别待遇的原则、国际环境法中的“共同但有区别的责任”和“美国虾案”中确立的需要考虑其他国家不同情况的要求对欧盟CBAM的公平性提出挑战。

2. 欧盟CBAM措施是否构成对国际贸易的变相限制

专家组在“欧共体石棉案”中指出，变相是指隐藏在欺骗性的外表下，改变以进行欺骗。[①] 在判断一项措施是否构成对国际贸易的变相限制时，根据“美国禁止加拿大金枪鱼和金枪鱼产品进口案”，应当考虑该争议措施是公开公布还是秘密实施；[②] “美国标准汽油案”认为，变相限制还应考虑到争议措施是否也构成任意或不合理的歧视；[③] 除此之外，“美国虾案”强调，争议措施的“设计、内部架构和结构”[④] 也应该在审查范围之内。对欧盟CBAM而言，如果欧盟CBAM措施符合GATT第20条引言规定的第一个要件，在相同或相似成员间不构成任意或不合理歧视，CBAM在实施前又多次公开公布该倡议及拟订文本；从CBAM当前公布的拟订文本中，其设计、内部架构和结构并没有明显的保护国内产业的目的，因而，本文认为欧盟CBAM有很大可能会通过这项测试。

四、结语

欧盟CBAM措施对WTO/GATT“同类产品”的认定提出了挑战，在适用边境税调整标准时，本文认为“消费者习惯和偏好”因素会被着重考虑，但是边境税调整标准对欧盟CBAM同类产品的判断具有不确定性，且不同碳排放量的产品有很大可能不被视为非同类产品。对于PPM标准，尽管WTO/GATT现有规则没有明确规定，但本文认为PPM中碳足迹标准作为认定同类产品的因素具有一定的可能性。

---

① EC-Measures Affecting Asbestos and Asbestos-Containing Products, Report of the Appellate Body, WT/DS135/AB/R, para.8.236, Apr. 5, 2001.

② GATT Panel Report. United States-Prohibition of Imports of Tuna and Tuna Products from Canada, para. 4.8, BISD 29S/91 (Feb. 22, 1982).

③ United States—Standards for Reformulated and Conventional Gasoline, Report of the Appellate Body, WT/DS/2/AB/R, para. 25, Apr. 29, 1996.

④ United States-Import Prohibition of Certain Shrimp and Shrimp Products, , Appellate Body Report, WT/DS58/AB/R, para. 5. 142, Nov. 6, 1998.

对于 GATT 第 20 条的例外条款，欧盟 CBAM 在第 20 条（b）项必要性测试方面存在一定的不确定性，该不确定性主要是由可替代方案可行性的不确定所引起的，但是可替代方案可行性的举证责任不在欧盟，而是由申请方承担。相比于第 20 条（b）项，CBAM 满足第 20 条（g）项测试要求的概率可能更高。对于 GATT 第 20 条引言部分，国际环境法中“共同但有区别的责任”的原则、国际贸易制度中对发展中国家特殊与差别待遇的原则和 WTO 上诉机构确立的需要考虑其他国家不同情况的要求对欧盟 CBAM 的公平性提出了挑战。除此以外，善意履行谈判协商义务也对 CBAM 措施造成潜在的风险，即欧盟 CBAM 措施“在相同或相似成员间构成任意或不合理歧视”也存在着不确定性。需要注意的是，由于引言部分涉及的是 CBAM 的实施问题，即 CBAM 的实施可能存在任意或不合理歧视，但并不代表 CBAM 本身存在任意或不合理歧视，而且 CBAM 在实施中可能存在的任意或不合理歧视可以通过修正从而符合 GATT 第 20 条引言的要求。

总体而言，就上文讨论的 GATT 同类产品和例外条款两个问题，尽管欧盟 CBAM 措施的适用都有不确定性因素存在，但是在 WTO 框架下还是有一定的适用空间。在此背景下，本文建议中国可以通过多边、双边和国内三个不同层面采取应对措施。

首先，在多边层面，中国应该对欧盟 CBAM 措施表示关注和反对，主要依据在于国际环境法中确立的“共同但有区别责任”的原则。欧盟不应当通过国内单边措施，导致发展中成员生产商承担和欧盟国内生产商同等水平的减排压力。同时，中国也应注重通过气候变化缔约方大会等多边机制，进一步提倡集体气候行动的国际合作方式，减少多边贸易治理和多边气候治理之间的冲突和摩擦，亦减轻发达成员和发展中成员在气候和贸易相关制度上的利益分歧。

其次，在双边层面，中国应当加强和欧盟的对话和合作，尤其是在中国已经启动碳排放交易市场的背景下。一方面，可以要求欧盟充分考虑国际贸易制度对发展中成员的特殊待遇和国际环境制度中的“共同但有区别责任”，要求欧盟考虑到中国经济发展阶段、国内相关减排措施、企业碳排放成本等因素；另一方面，可以尝试建立 EU ETS 和中国碳交易市场的链接机制以及欧盟对中国核准自愿减排量（CCER）的认可，以减轻欧盟 CBAM 对我国出口贸易和企业的成本压力。

最后，在国内层面，中国应当对欧盟 CBAM 措施的正式施行尽早做好准备。逐步扩大国内碳交易市场的适用范围，将钢铁、水泥、铝等碳密集型行业纳入国内碳交易体系；逐步降低免费配额的分配，建立完善的碳定价市场机制措施；进一步完善国内碳排放监测、报告和核查制度，提供准确可靠的碳排放数据，做好应对 CBAM 的能力建设。

随着国际社会各成员逐步强化和扩大国内气候减排政策的适用，各国气候变化政策的实质差异性将逐渐缩小乃至消退，旨在降低碳泄漏风险的 CBAM 存在的必要性和有效性也将大大降低。因而，从长远来看，CBAM 既不是全球应对气候变化的理想选择，也不是全球应对气候变化的具有稳定性的选择。

WTO 与 FTA 争端解决机制管辖权冲突的解决路径兼论“一带一路”争端解决机制的借鉴和完善①

王　茜　叶一鸣

内容提要：近几年来，区域贸易发展迅速，以欧美日等国为代表，各国正不断地通过签订各种高标准的自由贸易协定（FTA）发展区域经济合作，使得各贸易关系和各类型的冲突都能在自由贸易协定中得到更为快速、更有效的处理。与此同时，绝大多数自由贸易协定项下有着各自的争端解决机制，所涉及的领域比 WTO 争端解决机制更为广泛。然而，各自由贸易协定项下的争端解决机制几乎各自为政，也时常与 WTO 争端解决机制发生冲突，导致平行程序的发生。为解决自由贸易协定与 WTO 争端解决机制的管辖权冲突问题，各国政府都在尝试推出各种政策和方案。以欧盟为代表的发达国家，不断地调整其自由贸易协定条款，引用“场所选择条款”对自由贸易协定争端解决机制的管辖权作出退让，但由于 WTO 争端解决机制本身僵化，管辖权冲突的问题并未得到彻底解决。随着“一带一路”倡议的深入落实，难免会出现投资者与东道国的争端，因此，我们亟待建立一个有效的争端解决机制保障共建“一带一路”的安全、平稳推进。特别是要明确“一带一路”争端解决机制的管辖权，并通过“一带一路”争端解决机制制定出具有竞争性的、符合我国国情的、代表大多数发展中国家利益的规则和条款，促进 WTO 改革。

关键词：“一带一路”；管辖权冲突；WTO 争端解决机制；欧盟

引言

近年来，区域贸易自由化蓬勃发展，国家与国家之间、国家与经济体之间、经济体与经济体之间通过签订自由贸易协定（FTA）来消除区域间贸易壁垒，开展区域经济合作。世界贸易组织（WTO）对于自由贸易协定与区域贸易安排（RTA）总体上持认可的态度，《1994 年关税与贸易总协定》（GATT 1994）第 24 条、《服务贸易总协定》（GATS）第 5 条

【作者简介】王茜，上海对外经贸大学贸易谈判学院副教授，研究方向为国际金融，电子邮箱：liza1234@163.com。叶一鸣，北京市卓纬律师事务所律师，研究方向为贸易救济、争端解决，电子邮箱：553192363@qq.com。

① 本文受 2021 年度上海市浦江人才计划（21PJC064）资助。

都明确规定了自由贸易协定和区域贸易安排在 WTO 多边规则体系下的合法例外地位。但在实践中，WTO 协议与区域自由贸易协定规则的并行导致两者争端管辖权冲突的案例已经屡见不鲜，例如“美国诉墨西哥软饮料税收措施案”（DS 308）、“巴西诉阿根廷对巴西进口家禽征收反倾销税案”（DS 241）、“美加软木材案”（DS 257）等。因此，应当采用什么样的方法和途径来解决此类管辖权冲突是一个亟待研究的问题。一方面，自由贸易协定和 WTO 规则在某些方面（如消除贸易壁垒、实现贸易自由化等）拥有一致的目标，甚至可以说，部分自由贸易协定条款是 WTO 规则的补充和延伸；另一方面，由于自由贸易协定在利益协调方面和 WTO 规则存在差异，当投资争端产生时，两者在协调争端双方当事人的利益上又会有不同的倾向。在这种情况下，选择不同的争端解决机制往往会产生不同的争端解决结果，因此，二者在争端解决管辖权方面出现冲突也就在所难免了。

随着自由贸易协定的逐渐盛行，各种争端解决机制和程序不断涌现，如《北美自由贸易协定》（NAFTA）的自由贸易委员会（FTC）、《跨大西洋贸易与投资伙伴关系协定》（TTIP）的国际投资法庭制度等。当同一个争端同时涉及 WTO 协议和区域自由贸易协定规则时，应该选择向哪一种程序寻求救济，应该如何解决两者之间的管辖权冲突问题成为国际法学界的一个热点，该问题不仅关乎争端当事方的相关利益，还影响着国际货物贸易、投资以及知识产权等相关领域的稳定和发展方向。

“一带一路”倡议的不断推进和深入，使得涉及我国与其他成员之间、我国投资者与东道国之间有关货物贸易、投资、金融、知识产权保护等问题的争议难以避免，因此，我们亟须构建一套有效的争端解决机制，以协调“一带一路”建设过程中可能出现的纠纷和争端。2016 年，在中国香港成立的“一带一路”国际研究院工作小组草拟了一份《“一带一路”争端解决机制》，建议“一带一路”争端解决机制采取“一站式服务”模式，即所有经贸争议均可在该模式下获得解决，这些争议包括“一带一路”参与国间的经贸争议、投资者与东道国间的投资争议以及企业间的商事争议。“一带一路”争端解决机制的建立必然要面对与 WTO 争端解决机制管辖权冲突的问题。本文从现实角度出发，通过分析 WTO 争端解决机制管辖权冲突的原因和欧盟制定的自由贸易协定的解决路径，针对“一带一路”争端解决机制与 WTO 争端解决机制管辖权冲突的解决方式和途径提供些许建议和参考。

一、我国“一带一路”沿线争端解决现状及存在的问题

（一）争端的管辖权归属问题

截至 2022 年 9 月 12 日，“一带一路”沿线国家共有 66 个（包括中国在内），绝大部分为发展中国家，所在区域囊括东亚地区、西亚地区、东南亚地区、南亚地区、中亚地区、中东欧地区和独联体地区。各国还参与了不同的政治、经济组织，如世界贸易组织、欧盟、东盟等，绝大部分国家都签订了不同类型的自由贸易协定和双边投资协定（BIT），且各自由贸易协定和双边投资协定在贸易摩擦、投资、金融、基础设施建设等方面的规定都有所不同。在这种情况下，一旦发生冲突或者纠纷，极有可能会产生平行程序或者不同争端解决机制出现两个相反的结果。因此，如果在共建“一带一路”过程中发生了争端，将其诉诸哪个争端解决机制，如果发生了平行程序或者出现了不同争端解决机制管辖权冲突，该如何解决将是至关重要的问题。

以中国—东盟自由贸易协定（CAFTA）与世界贸易组织为例，中国—东盟自由贸易协定的缔约方均为世界贸易组织成员，在管辖范围中，依据 WTO《关于争端解决规则与程序

的谅解》第 1 条的规定，WTO 争端解决机制适用于按照该谅解附录 1 所列各项协定的磋商和争端解决的规定所产生的争端，[①] 也就是说，其管辖范围是 WTO 成员之间的贸易争端和与贸易有关的投资争端。而根据中国—东盟自由贸易协定争端解决机制协议章节第 2 条的规定，其争端解决机制适用于《中国—东盟全面经济合作框架协议》项下发生的争端，[②] 也就是说，其管辖范围也包括贸易争端以及投资领域的争端。由此可以看出，两者在管辖范围上有一定的重叠，一旦发生争端，就极容易引发管辖权冲突。

除此之外，现阶段我国与“一带一路”沿线国家所适用的争议范围也很有限。大部分的双边投资协定和自由贸易协定中都规定“只有与征收补偿数额有关的争议可通过国际仲裁解决”，少部分规定了“除补偿数额争议之外，缔约双方同意的其他争议也可以提交国际仲裁”。[③] 因此，我们认为亟须构建一个统一、健全的“一带一路”争端解决机制来协调和处理这些争端，保障“一带一路”经贸往来安全。

（二）投资者—国家争端解决机制的管辖权问题

截止到 2018 年底，中国共缔结了 128 个双边投资协定（BIT），绝大多数都选择第三方争端解决机构，其中 93 个 BIT 选择了国际投资争端解决中心（ICSID）。但是，大多数争端解决机构任用“一带一路”沿线国家国民为仲裁员的比例却很低，例如在 ICSID 中，“一带一路”沿线国家国民在 ICSID 中做仲裁员的人数仅为总数的 17%，这显然是不合理的。随着我国越来越多的企业走出去，我国投资者与投资东道国也可能会发生争议。截至 2018 年 7 月，涉及中国的投资争端案件一共 11 起（其中中国投资者起诉东道国的案件 8 起，中国政府被外国投资者起诉的案件 3 起）。从这一系列案件中，我们不难发现，现阶段“一带一路”建设中投资者—国家争端解决机制的管辖权存在以下问题。

1. 投资者定义的缺失

当下，对于投资者—国家争端解决机制中投资者的定义尚无统一的定论。许多双边投资协定中都会认定是缔约方一方投资者在另一方境内投资的自然人和法人。但在投资者的类型上仍有较大的分歧。例如，美国的双边投资协定范本对于投资者的认定为试图、正在或已在某一缔约方境内投资的另一缔约方或该缔约方的国有企业、国民或经营实体。[④] 而在“北京城建集团诉也门政府案”中，也门政府认为北京城建集团是国有企业，具有一定的政府职能，因此不应当被认为是投资者，而应是政府的代理。

除此之外，2007 年的“谢业深诉秘鲁政府案”与 2012 年的“世能投资公司诉老挝政府案”中争议的焦点也集中于投资者的身份问题，其实质就是探讨我国港澳投资者的适格问题。在这两案中，东道国（秘鲁和老挝）均认为我国与秘鲁、老挝政府签订的中国—秘鲁 BIT 和中国—老挝 BIT 不适用我国港澳的投资者。两案都存在着几个共同的问题：

① 中国—秘鲁 BIT 和中国—老挝 BIT 均签订于香港、澳门回归之前。中国—秘鲁 BIT 签订于 1994 年，中国—老挝 BIT 签订于 1993 年，均在香港和澳门回归之前。同时，根据 1990 年制定的《香港特别行政区基本法》、1993 年制定的《澳门特别行政区基本法》，香港

① 世界贸易组织（WTO）. 关于争端解决规则与程序的谅解（Understanding on Rules and Procedures Governing the Settlement of Disputes），1993－12－15.

② 中国—东盟自由贸易协定（CAFTA），2010－01－01.

③ 只有与缅甸、伊朗、土耳其、也门、希腊、塞浦路斯、罗马尼亚、乌兹别克斯坦、俄罗斯和印度之间的协议有此规定。

④ 殷楠. 中美 BIT 投资者定义之探析. 苏州大学学报（哲学社会科学版），2017，38（3）：67－73.

特别行政区和澳门特别行政区可以以自己的名义与世界各国签订并履行相关协议。自从1997 年香港回归之后，香港还以香港特别行政区的名义与英国、芬兰等 6 个国家签订了双边投资协定。① 另外，澳门也在其回归后分别与葡萄牙和荷兰签订了双边投资协定。但是在这些文件和协定中，都没有明确规定香港和澳门投资者适用中国签署的双边投资协定或其签订的双边投资协定适用于中国内地的投资者。

② 两案中被诉的东道国政府均反对 BIT 对中国港澳投资者的适用。在两案中，仲裁庭的管辖权一直都是两案的焦点，秘鲁、老挝政府均认为其与中国签订的双边投资协定均在香港、澳门回归之前，且在香港、澳门回归后，中国并没有以法律文件的形式与其协商修改条款并明确将 BIT 的属人管辖权延伸至香港、澳门。最终，两案的仲裁庭都认为中国—秘鲁 BIT 和中国—老挝 BIT 均不适用于香港和澳门投资者。

2. 大部分的协定只保护“准入阶段后”的相关投资

本文整理了我国与“一带一路”沿线各国签订的自由贸易协定和双边投资协定，其中，协定所适用的范围均为“准入阶段后”的投资，这也就导致了我国投资者在“准入阶段之前”的投资活动不能得到双边投资协定的保护，也无法享受相关的最惠国待遇和国民待遇，这会给我国在“一带一路”沿线国家现有的投资活动造成极大的风险。2012 年的“平安诉比利时政府案”就体现了这一点。该案中，比利时政府认为中国平安保险集团股份有限公司的投资行为发生在新的中国—比利时 BIT 生效之前，② 因此，中国平安保险集团股份有限公司无法适用新一代的双边投资协定而仅能适用 1984 年的第一代中国—比利时 BIT。由于新旧双边投资协定在投资争端上的规定有很大差别，因此中国企业在该案中力求能够适用新一代的双边投资协定。然而，该案仲裁庭认为，相关材料证明争议实质上产生于新一代中国—比利时 BIT 生效之前，因此，中国平安保险集团股份有限公司无法援引新一代中国—比利时 BIT。

20 世纪八九十年代，我国签署了大量的双边投资协定，其中大部分的双边投资协定已经无法满足我国投资者当下的需求，因此，在共建“一带一路”过程中我国在签署和协商有关双边投资协定时，应尤为关注新旧双边投资协定过渡期的适用问题，以免类似“平安诉比利时政府案”的情况再次发生。

3. 最惠国待遇条款的滥用

目前，在国际投资争端解决中心机制下，我国涉及最惠国待遇条款的案件一共有 3 件，分别是 2007 年的“谢业深诉秘鲁政府案”、2011 年的“伊加兰公司诉中国政府案”和 2014 年的“北京城建集团有限责任公司诉也门政府案”。其中，“伊加兰公司诉中国政府案”是我国在国际投资争端解决中心被诉的第一案，伊加兰公司认为根据中国与马来西亚签订的中国—马来西亚 BIT 最惠国待遇条款的内容，其有权援引 1995 年中国—以色列 BIT 中的投资争端解决条款，其与中国政府的投资争端也可提交国际投资争端解决中心进行处理。最终，争端双方以和解结案，更多的细节也未透露，但伊加兰公司这样滥用最惠国待遇条款的做法对于我国政府来说也是一个危险的信号，需要注意。

在 2014 年的“北京城建集团有限责任公司诉也门政府案”中，也门政府认为中国—也

① 该 6 个 BIT 分别为中国香港—英国 BIT（1998）、中国香港—泰国 BIT（2005）、中国香港—芬兰 BIT（2009）、中国香港—科威特 BIT（2010）、中国香港—加拿大 BIT（2016）和中国香港—智利 BIT（2016）。

② 我国与比利时政府共签订过两代 BIT，第一代 BIT 的签订时间是 1984 年，而新一代 BIT 于 2005 年签订并在 2009 年 12 月 1 日生效。

门 BIT 第 3 条第 1 款中明确规定其只适用于实体条款，不能适用于争端解决机制，并且争议的合同仅属于商业合同，而非投资条约之诉。国际投资争端解决中心仲裁庭并不认为最惠国待遇条款适用于争端解决机制，这对我国在推进“一带一路”建设中保障我国投资者利益未必有利。我国与“一带一路”沿线国家的自由贸易协定和双边投资协定中规定了仅可就征收补偿提请仲裁，这已经无法满足保护我国投资者海外投资利益的需求，因此我国对此项问题要加以重视。

二、FTA 争端解决机制与 WTO 管辖权冲突的新趋势

如今，越来越多的自由贸易协定将投资者—国家争端解决机制纳入协定之中。原则上，投资者—国家争端解决机制解决的是国家与个人之间的投资争端，WTO 争端解决机制是解决成员方（一般是有司法豁免权的主权国家）之间与贸易有关的争端，因此两者是不可能有管辖冲突的。但在实践中，由于国际投资涉及的主体、客体和内容的多样性和复杂性，外国投资者与东道国政府之间发生的投资争端很容易演变为该外国投资者母国政府与东道国之间的争端。[①]

（一）投资仲裁庭管辖权的扩张

1. 投资仲裁庭在属人管辖范围内的扩张

投资仲裁庭在属人管辖范围内的扩张主要表现为对“投资者”的扩大解释，特别是将“投资者”的概念从自然人扩大到“公司法人”以及相关股东。例如，在“Tokios 诉乌克兰案”中，一名乌克兰公民出资在立陶宛设立了 Tokios 公司，其拥有 Tokios 2/3 的管理权，他援引立陶宛—乌克兰 BIT 中的条款提起仲裁。本案实质上是乌克兰公民与乌克兰政府之间的行政纠纷，但是仲裁庭并不否定该案中 Tokios 公司立陶宛投资者的身份。仲裁庭指出，申请人并无滥用权利的行为，因为其并非是为了利用双边投资协定，即为了将乌克兰政府带入国际仲裁庭而进行的投资，因此 Tokios 公司应该是“诚实投资者”，符合《华盛顿公约》下的“另一缔约方之国民”的条件。[②] 可以说，仲裁庭这样的解释虽然没有超出法理范围，但是该解释是否合理、是否符合缔约方的缔约宗旨仍存在疑问。因为如果允许将“投资者”的概念扩大到公司法人以及相关股东，那么自由贸易协定中有关互惠性的结构将会被打破，其保护的将不仅是缔约方的投资者，还包括通过在缔约方设立公司包装为缔约方投资者的其他国家的国民。

而属人管辖范围的扩张还表现为跨国公司实力的不断发展壮大，将私人与国家间的纠纷带入 WTO 领域。例如，跨国公司不仅通过在全球各地设立的分支机构向国际投资争端解决中心以及各自由贸易协定项下的投资者—国家争端解决机制提起仲裁请求，还通过正式或非正式的渠道与其本国政府或其分支机构所在国进行沟通与游说，说服政府为其自身利益所涉及的相关贸易问题向 WTO 争端解决机制提起诉讼，其中最为著名的案例就是近几年 Philip Morris 所提起的一系列诉讼。在美国，很多跨国公司也经常通过游说美国政府利用美国贸易法的“301 条款”就相关贸易争端向 WTO 争端解决机构提起诉讼。例如在“美加软木案”中，加拿大的软木业企业也着力推动加拿大政府在北美自由贸易区和 WTO 下提起对美国政府的诉讼。

---

① TL Brewer. International Investment Dispute Settlement for Foreign Direct Investment. 1995, 26 (1): 654 – 660.

② Tokios Tokeles v. Ukraine, ISCID Case No. ARB/02/18, Decision on Jurisdiction, 2004 – 04 – 29.

2. 投资仲裁庭在属事管辖范围内的扩张

投资仲裁庭在属事管辖范围内的扩张主要表现为利用最惠国待遇条款（MFN）和保护伞条款。其中，利用最惠国待遇的表现主要有：① 使用最惠国待遇条款加强对投资者权益的保护。在“Maffezini 诉西班牙案”中，仲裁庭认为，只要第三方条约的争端解决条款是保护投资者权益的，就可以通过最惠国待遇予以援引[①]。② 使用最惠国待遇条款扩大仲裁管辖的范围。最典型的案例应是“RosInvest 诉俄罗斯案”，该案中，申诉者认为，“根据 1989 年苏联与英国双边投资协定中的最惠国待遇条款，可以将俄罗斯与丹麦的双边投资协定中更为宽泛的争端解决条款纳入俄罗斯与英国的投资争端中”。仲裁庭也认可了这一观点，认为，“虽然该案中最惠国待遇条款的使用将会在事实上扩大争端解决条款的范围，但这是适用最惠国待遇条款的正常结果。最惠国待遇条款的性质和目的就是通过并入其他条约规定的保护，从而扩大基础条约提供的保护”[②]。虽然“RosInvest 诉俄罗斯案”是极少数同意利用最惠国待遇条款的案例，但是其在一定程度上降低了以“Plama 诉保加利亚案”为代表的反对利用最惠国待遇条款的“先例效力”。[③]

而“保护伞条款”本质上是“有约必守”的自然要求，但涉及对谁说的话、和谁订的约、由谁来裁断等问题，归根结底却是管辖权的问题。例如，在“CMS 公司诉阿根廷案”中，因为美国和阿根廷双边投资协定第 2 条第 2 款 C 项规定涉及“保护伞条款”，CMS 公司认为自己可以根据双边投资协定提起仲裁，因为虽然单纯的商业合同不能受到投资协定的保护，但是当干涉投资者权利的主体是政府或者公共机构时，投资协定可以保护合同中的权利。[④] 因此，CMS 公司同时向布宜诺斯艾利斯联邦最高法院提起诉讼和国际投资争端解决中心提起仲裁，国际投资争端解决中心认可了“保护伞条款”的有效性，也并未因为其在阿根廷国内发起诉讼程序而否定了 CMS 公司的仲裁请求，对该案件行使了管辖权，从而导致了平行程序的出现。由此可见，在“CMS 公司诉阿根廷案”中，仲裁庭采用了扩张性解释的方法将平行程序的成因详细地展现出来，认可了“保护伞条款”对仲裁庭属事管辖范围的扩张。

（二）国际贸易投资一体化

随着经济全球化的发展，全球各大公司，尤其是跨国公司，不断采取国际性的生产和经营战略，将其他国家的资源、市场等纳入发展计划当中。这些企业从过去对产品市场、原料供应的单纯追求，发展到跨国的经营投资，从而更加自由地面对国家（地区）间人员、技术、资金的流动。[⑤] 在此背景下，全球贸易和投资活动已变得你中有我，我中有你，难以区分。

另外，国际贸易和国际投资领域之间法律规范的界限也愈加模糊。长期以来，国际贸易规则和国际投资规则一直都是国际经济法中两个相对独立的分支。然而，即使作为各自

---

① Decision of the Tribunal on Objections to Jurisdiction (English), Emilio Agustín Maffezini v. The Kingdom of Spain, ICSID Case No. ARB/97/7, 25 Jan. 2000, para 56.

② RosInvest Co UK Ltd v. The Russian Federation, SCC Case No. 079/2005, Award, October 2007.

③ 其中“Yaung Chi Oo 诉缅甸案”、“Salini 诉约旦案”、“Telenor Mobile Communications AS 诉匈牙利案”、“Vladimir Berschader and Moise Berschader 诉俄罗斯联邦案”、“谢业深诉秘鲁案”、“Renta 诉俄罗斯联邦案”、“Austrian Airlines 诉斯洛伐克案”以及“Plama 诉保加利亚案”均反对利用最惠国待遇条款”。

④ 封筠.“保护伞条款”与国际投资争端管辖权的确定. 暨南学报. 2011，33（1）：35－41.

⑤ 郑杏如. 刍议贸易投资一体化与当代国际贸易理论的创新. 现代经济信息，2015，15（1）：150－151.

独立的法律体系，国际贸易规则和国际投资规则在本质上仍有不少的共性，如两者存在相似的目标：促进经济全球化和区域经济一体化，保护国际投资，促进国际贸易和国际投资的发展等。且在实体规则中，两者亦有相似的原则，如最惠国待遇原则、国民待遇原则等。在国际贸易投资一体化的背景下，两者不断地发展和融合，逐渐呈现出“国际贸易规则和投资规则一体化”的趋势。其中，最具有代表性的应属 WTO 法律体系，作为一个调整国际贸易多边关系的法律体系，其几乎涵盖了国际贸易规则的所有领域。但是，其法律体系中也存在对国际投资的相关规定。譬如，WTO 法律框架下《与贸易有关的投资措施协定》（Agreement on Trade-Related Investment Measures），基本原则即是“各成员实施与贸易有关的投资措施，不得违背《关贸总协定》的国民待遇和取消数量限制原则”。[①] 从基本原则中可以看出，其涵盖的范围限定于“与贸易相关”的投资，但它仍然对国际投资领域的各个层面直接或间接地产生了不小的影响；在《服务贸易总协定》（General Agreement on Trade in Services）中也有类似的规定，该协议第 4 条“发展中国家的更多参与”中就提到：“发达国家成员和在可能程度内的其他成员，应在《WTO 协定》生效之日起两年内设立联络点，以便利发展中成员的服务提供者获得与其各自市场有关的、关于以下内容的信息：（a）服务提供的商业和技术方面的内容；（b）专业资格的登记、认可和获得；以及（c）服务技术的可获性。”[②] 其规定通过设立联络点的方式为发展中成员提供服务，而这在实践操作中也是一种重要的国际投资形式；在《与贸易有关的知识产权协议》（Agreement on Trade-Related Aspects of Intellectual Property Rights）中，也存在着对国际投资中技术性投资的国际保护，成为国际投资法律体系中极其重要的一部分。

近些年，自由贸易协定的发展极为迅速，比如《全面与进步跨太平洋伙伴关系协定》（CPTPP）、《跨大西洋贸易与投资伙伴关系协定》（TTIP）、《美墨加协定》（USMCA）等，这些协定最为显著的一点就是“其结合对外直接投资（Foreign Direct Investment）以及贸易建立起全球供应链，通过在一系列国家中进行生产分配以使得生产力最大化”。[③] 其争端解决机制涵盖货物贸易、金融、知识产权、国际投资、环境和劳工等领域，相较于 WTO 争端解决机制其管辖权的范围更加广泛。随着区域经济一体化的不断发展，现阶段已有越来越多的自由贸易协定将贸易与投资规则合为一体并逐渐融合成为新的贸易与投资规则。

三、欧盟解决管辖权冲突的路径分析与借鉴

欧盟在构建区域和双边合作关系中发挥着极为重要的作用，欧共体早在 1968 年 7 月成立的关税同盟，可以说是区域贸易主义的重要代表之一，也是最早的区域贸易协定之一。而到了 20 世纪 80 年代，欧共体的“统一大市场”也是深度一体化的新区域贸易主义的典型代表。可以说，欧盟是构建自由贸易协定和区域贸易安排的先驱和领导者，在区域贸易主义方面发挥着无可争议的主导作用。在北美自由贸易协定签署后，欧盟也开始编织起自己的自由贸易协定网络，同时尝试将争端解决机制和投资者—东道国仲裁机制（ISDS）加

① 世界贸易组织（WTO）. 与贸易有关的投资措施协定（Agreement on Trade-Related Investment Measures），1993 - 12 - 15.

② 世界贸易组织（WTO）. 服务贸易总协定（General Agreement on Trade in Services），1994 - 04 - 15.

③ JP Chauffour, JC Maur. Preferential trade agreement policies for development：a handbook. World Bank Publication, 2011, 14 (1): 107.

入其中，并就管辖权进行明确的规定。

（一）欧盟—越南自由贸易协定

根据欧盟与越南于2016年2月1日对外公布的欧盟—越南自由贸易协定（EVFTA）全文，欧盟和越南已将投资法庭体系（其中包括常设投资法庭和上诉机制）纳入其中，这也是有史以来自由贸易协定第一次将投资法庭体系纳入争端解决机制中。

笔者认为，该创新在解决管辖权冲突方面有以下两点成就：其一是促进了投资争端解决的公正性。现阶段投资争端涉及的标的额越来越大，且有不少的投资争端还涉及一国政府的政策性问题。因此，对于解决投资争端的公正性要求越来越高，设置常设仲裁庭和上诉机制的目的就是及时纠正司法错误，降低司法成本，提高司法公正性。现阶段的国际投资仲裁在面临公平与效率时，还是会选择效率优先，其中最具代表性的体现就是在1965年的《华盛顿公约》中规定当事方仅有权依据程序错误申请撤销仲裁，而不可据此申请审查具体的实体问题。根据欧盟—越南自由贸易协定第28条第1款，上诉理由扩大到初审仲裁庭适用法律和解释法律的错误等，允许投资争端的双方当事人就常设仲裁法庭认定事实以及适用法律的实体问题错误提起上诉，进一步确保了投资争端解决的公平性和公正性。其二是解决了投资争端裁决不一致的问题。由于现有投资仲裁的不连续性问题无法得到解决，例如上文提及的“美国诉墨西哥软饮料税收措施案”中就产生了仲裁庭的裁决与其他争端解决机制作出的裁决相冲突的问题，而欧盟—越南自由贸易协定中设置的投资上诉法庭不但可以审查初审常设法庭的实体问题，同时也专属管辖了协定项下裁决后的救济事宜，避免了投资争端解决结果不一致现象的发生。

（二）加拿大—欧盟全面经济贸易协定

2017年9月21日，加拿大—欧盟全面经济贸易协定（CETA）临时生效，这是欧盟与加拿大达成的首个自由贸易协定，其在自由贸易协定（FTA）争端解决机制管辖权改革中最大的贡献就是缩小了投资者—东道国仲裁机制的仲裁庭管辖权。加拿大—欧盟全面经济贸易协定从三个方面对仲裁庭管辖权进行了限定。首先，投资章节中的第1条就属事管辖予以明确规定：“投资者只能在第17条规定的范围内提出仲裁诉讼请求。”这也意味着有关“市场准入”“履行要求”等相关非歧视待遇义务的申诉事由被排除于投资者—东道国仲裁机制之外，而因此产生的争端只能由缔约方通过国家间的争端解决机制解决。其次，其投资章节的第18条以正面清单的方式对可允许的仲裁诉请范围进行限定。最后，第18条最后一款还明确规定了“根据本条设立的仲裁庭不应该裁决本条约范围之外的索赔要求”。[①]除了通过上述三个方面限定投资者—东道国仲裁机制的仲裁庭管辖权之外，加拿大—欧盟全面经济贸易协定还在金融服务和税收等领域赋予了联合委员会初步的筛选功能，例如在加拿大—欧盟全面经济贸易协定项下，金融服务章节中的第13.18条和第13.21条规定，加拿大和欧盟可共同设立专门的金融服务委员会（Financial Services Committee），并由该委员会审理涉及金融服务的投资争议。因此，如果是涉及相关金融服务和敏感部门的税收措施，争端双方可以启动相关条款的规定，将争端提交至相关委员会并由其进行审理，而不必再将相关事宜诉至其项下的投资者—东道国仲裁机制。

可以说，加拿大—欧盟全面经济贸易协定首次正式使用正面清单的形式来厘清公平与

① EU and Canada. Comprehensive Economic and Trade Agreement (CETA). 2017－09－21. http://ec.europa.eu/trade/policy/in-focus/ceta/ceta-chapter-by-chapter/.

公正待遇标准（FET）的相关内容，在投资章节第10条中明确规定了东道国违反公平与公正待遇标准的具体情况。[①] 因此，加拿大—欧盟全面经济贸易协定文本对公平与公正待遇标准进行了准确定义，并为仲裁法庭提供了清晰的指导，避免对该法律条款的解读过于宽泛。然而，这样的正面清单也有着自身的问题，例如，很多批评者都认为，这份清单带来了太多与传统特性不相符和需要解释的地方。[②] 在条款中，协定还是使用了较为模糊的术语，例如第8.10条第2（c）款中的明显专断（manifest arbitrariness）行为，没有具体说明相关的情形，这就留给了仲裁庭很大的理解和解释空间。也就是说，这种模糊的正面清单其实对公平与公正待遇标准的范围和投资者—东道国仲裁机制的管辖权虽然有所限制却极为有限，仍需要司法案例和实践进一步进行解释。因此，CETA缔约方可以进一步限制公正待遇标准，例如可以补充说明，保护水平不能超出国际惯例的最低标准，或公正待遇标准不适用于涉及间接征用和保护公共政策的争议。[③]

另外，加拿大—欧盟全面经济贸易协定还将争端解决程序明确地排除在其最惠国待遇条款之外，在第8.7条第4款中明确规定：“为了更确定起见，第1款和第2款中提到的‘待遇’不包括在内：其他国际投资条约和贸易协定规定的投资者—东道国仲裁机制的解决程序；其他国际投资条约和贸易协定的实质性义务本身并不构成‘待遇’，因此不可能造成违反本条规定的情况，也不可能有一方根据这些义务采取或维持的措施。”[④]

由此可见，该条款将欧盟与加拿大的旧约中有关争端解决机制的“待遇”一一排除出加拿大—欧盟全面经济贸易协定的争端解决机制之中，从根本上否定了最惠国待遇与其他自由贸易协定或是投资协定的联系，也排除了投资者选择不同的自由贸易协定或投资协定条款发起多个争端解决程序的可能性。

除了对于公正待遇标准和最惠国待遇的限制之外，加拿大—欧盟全面经济贸易协定还创新性地设立了暂停投资仲裁程序。协定投资章节第24条规定：

“根据本章节和另一项国际协定提起诉求的，并且

（a）存在重叠赔偿的可能性；或

（b）其他国际诉讼的要求可能对解决该诉求产生重大影响的。

根据本条款，仲裁庭在听取当事人的陈述后，应尽快中止其仲裁程序；否则，应确保

---

① 加拿大—欧盟全面经济贸易协定明确规定：一方某项或系列措施如构成下述情形，则违反第1款提及的公平公正待遇义务：

（a）在刑事诉讼、民事诉讼和行政程序中拒绝司法（denial of justice）；

（b）在司法程序和行政程序中，对正当程序（due process）的根本性违反（fundamental breach），包括在刑事或行政程序中对透明度（transparency）的根本性违反；

（c）明显专断（manifest arbitrariness）；

（d）以明显不正当理由（manifestly wrongful grounds），如性别、种族或宗教信仰，进行针对性歧视（targeted discrimination）；

（e）对投资者的虐待（abusive treatment），如胁迫（coercion）、强制（duress）和滋扰（harassment）；

（f）对缔约各方根据第8.10条第3款规定进一步采纳的对公平公正待遇义务的其他违反。

② 李春项. CETA签署对新一代贸易协定谈判有何影响. 世界知识，2016（23）：52－53.

③ Traicoff D A, Walke H T, Jones D S. Replicating success: Developing a Standard FETP Curriculum. Public Health Reports, 2015, 123 (1): 28.

④ EU and Canada, Comprehensive Economic and Trade Agreement (CETA), 2017－09－21, http://ec.europa.eu/trade/policy/in-focus/ceta/ceta-chapter-by-chapter/.

根据另一项国际协定提起的诉讼在其决定、命令或裁决中得到考虑。”[①]

根据上述条款，加拿大—欧盟全面经济贸易协定项下的投资仲裁庭若与其他国际协定下的争端解决机制（包括WTO）程序重叠应及时中止该仲裁程序，如果不中止，那么仲裁庭在审理中应该“确保根据另一项国际协定提起的诉讼在其决定、命令或裁决中予以考虑”。因此，若加拿大—欧盟全面经济贸易协定项下的投资仲裁庭与WTO争端解决机制发生管辖权冲突，投资仲裁庭专家组可以决定中止其程序，或者在审理中充分考虑WTO争端解决机制专家组的审理进程。

加拿大—欧盟全面经济贸易协定为避免平行程序的发生而创设的该条款存在几个问题：一是关于（a）款的“重复赔偿”（Overlapping Compensation）问题，该赔偿是只限于经济赔偿还是包括其他赔偿，在协定中并未明确说明。而WTO法律体系中并没有规定违反WTO项下的义务可以提起金钱赔偿的申诉。二是关于（b）款中的“产生重大影响”（Have a Significant Impact）的问题，到底到何种程度才算是产生了重大影响？哪些才算是重大影响？这些问题都未在协定中进行详细解释，也就是说，这将赋予仲裁庭极大的自由裁量权来判断一个案件是否与WTO程序相关，是否产生了重大影响。三是该条款还是尽可能地保证了仲裁庭本身的权威，其有权决定中止的期限（因为条款中并未规定中止的期限），且仲裁庭仍旧可以对WTO的法律体系做出评价，而如何顾及WTO争端解决程序的决定权和主动权全都掌握在仲裁庭手中。

（三）日本—欧盟经济伙伴关系协定

自2018年3月美国时任总统特朗普宣布对中国、欧盟和日本等贸易伙伴加征关税以来，欧盟与日本就加速了对于经济伙伴关系协定的谈判，并于2018年7月17日正式签署了日本—欧盟经济伙伴关系协定（JEEPA）。由于欧盟在加拿大—欧盟全面经济贸易协定的激进改革使得欧盟内部部分缔约方难以接受，于是在接下来的日本—欧盟经济伙伴关系协定谈判中，欧盟便退让了一步，虽然日本—欧盟经济伙伴关系协定同样规定了最惠国待遇不包括争端解决，但是在协定第8.9条第4款中规定：“一方与第三国缔结的其他国际协定的实质性条款本身并不构成本条所规定的待遇。一方就这些条款采取的作为或不作为与本协定无关，从而不会导致对本协定的违反。”[②]也就是说，日本—欧盟经济伙伴关系协定还是有所保留，JEEPA要求投资者的申诉必须是违反JEEPA的规定而不是其他协定的规定，因此，在作为“基础条约”的JEEPA和投资者意图挑选的“目标条约”均对东道国政府施加某种义务但规定不一样时，投资者并不能在东道国不违反“基础条约”（JEEPA）而违反“目标条约”的情形下要求使用最惠国待遇条款。[③]可以说，日本—欧盟经济伙伴关系协定通过明确列明最惠国待遇条款适用的例外以及对“最惠国待遇”的重新定义，直接限定了投资者通过条款选择或是援引其他投资协定中的争端解决程序来扩展日本—欧盟经济伙伴关系协定的投资者—国家争端解决机制管辖权。

除此之外，欧盟通过与日本签订该经济伙伴关系协定，也表现出了其欲主导构建多边投资仲裁法庭的用心。欧盟利用与越南、加拿大、日本的自由贸易协定对投资者—国家争

① EU and Canada. Comprehensive Economic and Trade Agreement (CETA). 2017－09－21. http:// ec.europa.eu/trade/policy/in-focus/ceta/ceta-chapter-by-chapter/.

② EU and Japan. Economic Partnership Agreement (EPA). 2018－07－17. http://ec.europa.eu/trade/policy/in-focus/eu-japan-economic-partnership-agreement/.

③ 王燕. 欧盟新一代投资协定“反条约挑选”机制的改革. 现代法学，2018，40（3）：156－169.

端解决机制进行了大刀阔斧的改革，其最终目的还是希望能由点到面，进一步主导并吸引更多的国家参与到多边投资法庭的构建中，从而取代国际投资争端解决中心。从欧盟—越南自由贸易协定中的设立投资法庭体系，到加拿大—欧盟全面经济贸易协定和日本—欧盟经济伙伴关系协定中对于最惠国条款和最惠国待遇的重新定义，欧盟一直都在为构建多边投资法庭进行不断的尝试和改革。欧盟希望在与加拿大、日本、越南的谈判中逐渐构建多边投资法庭机制，并使其“中心化”与“统一化”。倘若欧盟能与这三个国家达成一致，那么在接下来的《跨大西洋贸易与投资伙伴关系协定》中，欧盟就能拥有更有力的话语权，获得更多资本输入国和资本输出国的支持，为多边投资法庭争取到排他管辖权与优先管辖权，避免与其他争端解决机制的冲突。最后再借由《跨大西洋贸易与投资伙伴关系协定》这个大平台，将多边投资法庭体系推广到世界范围内，完成一个由双边向多边、由区域向全球转化的过程。

（四）欧盟针对WTO重启上诉机构改革所提交的提案

2021年2月18日，欧盟委员会公布了名为《开放、可持续、坚定自信的贸易政策》（Communication on an Open, Sustainable and Assertive Trade Policy）的文件，并在其附件《改革世界贸易组织：迈向可持续和高效的多边贸易体系》（Reforming the WTO: Towards a Sustainable and Effective Multilateral Trading System）中着重对WTO改革提出了自己的提案，主要包括四部分的内容：重启WTO争端解决机制上诉机构；恢复WTO作为谈判贸易规则和自由化平台的效力和声誉；加强WTO对可持续发展的贡献，从而恢复WTO成立时所达成的目标共识；增强WTO组织的功能性。

在该提案中，欧盟认为上诉机构的改革最为迫切。具体而言，欧盟提议各WTO成员应积极寻找共同点，以恢复有效的争端解决体系，包括填补上诉机构空缺的法官席位等内容。此外，欧盟还阐述了其在以下关键问题上的立场①：

（1）只要是有关争端所必须解决的法律问题，上诉机构都应予以裁决，但是其裁决应严格限于解决争议双方上诉中所提出的法律问题；

（2）上诉机构法官应实行司法经济，且其在裁决时可在一定程度上考虑先前的判例，但不应受到先前判例的强制性约束；

（3）专家组和上诉机构都应严格遵循相应的争端解决时间表，并及时采取相应的措施；

（4）应极力维持“反向协商一致原则”（Negative Consensus Rule），同时保持上诉机构的独立性及其作为WTO争端解决机制的中心作用，以便为多边贸易体系的继续运行提供稳定、安全的保障。

在此项提案中，欧盟将重点放在了WTO争端解决上诉机构运作的具体程序性事项上，例如对于上诉机构受理案件的范围、争议解决的程序以及机构主席领导的遴选等，却忽略了对于管辖权冲突的改革问题。同时，欧盟积极与中美两国沟通，在不断的谈判中寻求与中美两国的合作，并在谈判中加入有利于欧盟自身的提案，尽力与中美两国达成共识，共同推动WTO争端解决上诉机构的改革。其一方面就重建WTO争端解决机制上诉机构等问题与中国达成一致并寻求中国政府的承诺，另一方面与美国达成可持续发展的共识，就环境与能源等议题与美国达成一致，积极提升其在全球贸易谈判中的话语权。

---

① The European Commission. Reforming the WTO: Towards a Sustainable and Effective Multilateral Trading System. 2021-02-18.

作为全球较大的经济体之一，欧盟与我国的经济体量相差不大，但其在全球经济治理以及国际法律体系的改革中相较于我国更为活跃。无论是之前的《跨太平洋伙伴关系协定》、《跨大西洋贸易与投资伙伴关系协定》中还是现在的加拿大—欧盟全面经济贸易协定和日本—欧盟经济伙伴关系协定，都不难发现欧盟在其中扮演了极为重要的角色。欧盟不断地通过这些自由贸易协定来逐渐推进新一代高标准的国际经贸规则，提升其在国际经贸治理中的话语权。与美国的单边主义不同，欧盟与我国一样，是多边主义的坚定支持者，其在不断构建和推动自由贸易协定的同时，将目光锁定于多边经贸体制的改革中，以双边带动多边，不断增强其在制定国际经贸新规则中的话语权。例如，欧盟在 EVFTA、CETA 和 JEEPA 三个自由贸易协定中，对投资者—国家争端解决机制不断进行改革，从中可以看出欧盟通过和各国签订自由贸易协定来试验自己对投资者—国家争端解决机制的改革成果：欧盟先是在与越南的谈判中首次提出了投资法庭体系（其中包括常设投资法庭和上诉机制）进行试探，由于欧盟与越南的经贸关系较为密切，且与越南同为 CPTPP 的成员，可以对欧盟与东盟经济体产生影响，并有助于进一步深化东盟和欧盟的合作关系，因此首先选定与越南签订的自由贸易协定来作为“第一个吃螃蟹”的协定。在与越南的谈判取得成功之后，欧盟在与加拿大的自由贸易协定谈判中更是将一整套的投资者—国家争端解决机制改革构想全部都提了出来，并借此试探欧盟内部成员的反应和接受度以及国际上的反响，最后在与日本的谈判中根据实际情况作出一些让步。

表面上，欧盟是在不断地限定其自由贸易协定内的投资者—国家争端解决机制的管辖权，避免与其他争端解决机制在管辖权上发生冲突，实质上是在为构建多边投资法庭体系打下基础，通过一系列自由贸易协定来实现对多边经贸体制的改革。除了多边投资法庭体系，欧盟还和日本发布了联合声明，强调双方将共同努力，维护以 WTO 为中心的多边贸易体制，欧盟也于 2018 年 7 月提出了自己的《WTO 现代化方案》（该方案中的第三部分就是针对 WTO 争端解决机制的改革思考），涵盖了欧盟近年来对 WTO 改革议题的主张和思考。这些也正是我国需要向欧盟学习和借鉴的地方。

四、构建“一带一路”争端解决机制——以解决管辖权冲突问题为视角

（一）构建“一带一路”争端解决中心，明确管辖权范围

争端解决机制的具体管辖权可分为属地管辖和属事管辖两个方面。属地管辖方面，笔者认为应该限定于“一带一路”沿线各国，“一带一路”争端解决中心所解决的纠纷应仅限于“一带一路”沿线各国之间的纠纷。而属事管辖方面，笔者认为可以按争端类别来区分，以解决不同类型的争端。一般来说，争端类别主要分为国家与国家之间的争端、国家与个体之间的争端和个体与个体之间的争端；而按照具体争端的领域来分，又可以分为贸易争端、投资争端和能源争端。其中，笔者认为“一带一路”争端解决中心所面临的主要争端类型有以下几种。

1. 国家之间的贸易争端

国家之间的贸易合作是共建“一带一路”中极为重要的一个环节，也是共建“一带一路”倡议的“五通之一”，沿线各国需要通过共建“一带一路”，积极推动扩大相互市场的开放、削减贸易壁垒、搭建贸易平台。但是，“一带一路”沿线各国绝大部分都是发展中国家，且各国的经济水平和市场开放水平很不均衡，甚至有很多国家还未参与任何的双边或

者多边贸易协议。① 因此，推动“一带一路”货物贸易的发展极有可能会遇到关税壁垒、非关税壁垒、歧视待遇或者区别待遇。

2. 投资者与东道国之间的投资争端

截至2022年6月底，我国对“一带一路”沿线国家的非金融类直接投资累计已超过1 400亿美元，在“一带一路”建设中，我国是最大的资本输出国，通过对外投资，以对外基建工程承包为先导，以金融服务为支持，带动相关产品、技术、标准和服务走出去。但是，部分“一带一路”沿线国家政局动荡，存在着复杂的宗教、民族等矛盾，投资者与东道国极易因为歧视待遇、非法征收、战争损坏赔偿等产生争议。

3. 跨国能源投资争端

“一带一路”沿线国家中，中东、中亚等地区的石油和天然气资源较为丰富，能源投资和能源基础建设也是我国“一带一路”建设的重中之重。由于能源产业是一个完整的价值链，在能源投资、能源贸易、能源过境、环境保护等产业链的不同节点，纠纷争议的性质与解决方式都有所不同，② 因此，有关能源交易和能源投资的争端都极为复杂，其争议的解决也更为复杂。

笔者认为，“一带一路”争端解决中心的建立，首先应明确其管辖权范围。我国主导创建“一带一路”争端解决中心，应该认真参考现有的多边和双边争端解决机制，吸取其经验教训。在借鉴的基础上，我国应当以一些现有机制为补充，从而制定“一带一路”争端解决机制规则。例如，在国家间争端解决机制的构建方面，我国可以邀请世界贸易组织专家来共同制定有关政府间的贸易争端解决机制，并在法条规定上确定不会与WTO法律体系产生冲突，排除“一带一路”争端解决机制与WTO争端解决机制就同一事实作出两个截然不同的裁决。

（二）明确将“场所选择条款”加入争端解决机制中

事实上，在近几年的实践中，我国一直都将“场所选择条款”加入各个自由贸易协定中。例如，在中国—澳大利亚自由贸易协定中，其争端解决章节中的第4条就规定：除非本条另有规定，本章不影响双方使用双方均为缔约方的其他国际贸易协定下争端解决程序的权利；如果争端既涉及本协定下事项，也涉及双方均为缔约方的其他国际贸易协定下的事项，起诉方可以选择解决争端的场所；且一旦起诉方已请求或者将事项提交给争端解决专家组或仲裁庭，则应使用该被选定场所，且同时排除其他场所的使用。③ 而在中国—东盟自由贸易协定（CAFTA）中，虽然没有明确注明为“场所选择条款”，但其第2条第5款明确规定：“在遵守第6款的前提下，本协定不妨碍缔约方依据其均是缔约方的其他条约，诉诸该条约项下争端解决程序的权利。”同时，第2条第6款则明确对排除其他争端解决场所进行了规定：“涉及本协定项下或者争端当事方均是缔约方的其他条约项下的争端解决程序已经启动，起诉方所选择的争端解决场所应排除其他争端解决场所对该争端的适用。”

而在构建“一带一路”争端解决机制过程中，笔者认为我国还是应该以“场所选择条

① 东帝汶、阿富汗、不丹、伊朗、伊拉克、黎巴嫩、叙利亚、巴勒斯坦、塞尔维亚、波黑、乌兹别克斯坦、土库曼斯坦、吉尔吉斯斯坦、白俄罗斯、阿塞拜疆这15国尚未加入WTO。具体参见世界贸易组织官网：https://www.wto.org/english/thewto_e/whatis_e/tif_e/org6_e.htm.

② 白中红.《能源宪章条约》的争端解决机制研究. 外交评论，2011（3）：88.

③ 中国与澳大利亚自由贸易协定.（2015－08－06）. http://melbourne.mofcom.gov.cn/ article/fta/jdzm/201508/20150801072981.shtml.

款”为主来应对与其他争端解决机制的管辖权冲突问题。即将场所的选择权交给申诉方，但是一旦申诉方选择了一个争端解决机制，其不可再向其他争端解决机制提起诉讼。同时，除了“场所选择条款”之外，我国还可以根据实际情况和各国国情酌情增加相应的例外条款。笔者认为，选择在“一带一路”争端解决机制中加入“场所选择条款”的原因有二：第一，“场所选择条款”已经为绝大多数的自由贸易协定和区域贸易安排所广泛采用，包括美国、欧盟在内的绝大多数发达国家也都将其加入协定中，因此，“场所选择条款”的使用在实践中已经积累了不少经验，可以将其应用到“一带一路”争端解决机制之中；第二，“场所选择条款”更为灵活，也赋予了争端申请方更为灵活的选择权，避免“一带一路”争端解决机制过于封闭和僵化，更容易为“一带一路”沿线各国所接受。

最后，还应该加入条约解释规则作为“兜底条款”来解决“一带一路”争端解决机制和其他争端解决机制的管辖权冲突问题。笔者建议可以在自由贸易协定中加入《维也纳条约法公约》第 31 条和第 32 条的内容。利用该“国际法规则”来解释并调整“一带一路”争端解决机制与其他争端解决机制（包括 WTO 争端解决机制在内）的管辖权冲突问题。

（三）建立“一带一路”投资者—国家争端解决机制，确定管辖范围

随着我国对“一带一路”沿线各国投资的不断增加，我国所面临的投资风险也越来越大，因此，建立一套既符合“一带一路”理念又能保障我国投资者利益的投资者—国家争端解决机制极为必要。据中国商务部公布的数据，截止到 2022 年 5 月 26 日，我国与有关国家和地区签署并现行有效的投资协定有 108 个，但是，与部分“一带一路”沿线国家尚未签订任何自由贸易协定和双边投资协定，也有部分双边投资协定已经过时。因此，我国还是需要通过双边的形式，逐一完善相关的自由贸易协定并把一些双边投资协定并入新的自由贸易协定中，统一相关标准。近年来，我国所制定的较高水平、较高标准的自由贸易协定已经逐渐成形。例如，中国—澳大利亚自由贸易协定、中国—韩国自由贸易协定，这些自由贸易协定的内容丰富，措辞严密，我国也可以以这些协定作为模板或者标准，和其他“一带一路”沿线国家逐一签订或者更新自由贸易协定的内容。另外，我国无论是在 WTO 的贸易争端解决实践中还是在中国海外投资者利用投资仲裁机制维权的实践中，都积累了不少经验，且我国近年来发起成立亚洲基础设施投资银行（亚投行）、推动共建“一带一路”、力推《全球投资指导原则》等一系列成功的实践经验也证明了中国有能力吸引更多的“一带一路”沿线国家参与构建“一带一路”争端解决机制。

我国更多地是以投资者母国的身份推动“一带一路”投资者—国家争端解决机制的建设，但这并不意味着我国就应该赋予投资者更多的权利和尽可能地扩大“一带一路”投资争端解决机制的管辖范围。为避免“Philip Morris 诉澳大利亚案”的情况再次发生，从而导致“一带一路”沿线各国不愿意加入投资者—国家争端解决机制中，笔者认为该机制在构建中还是应该明确管辖范围，确保“一带一路”沿线各国平等互利的价值取向。

如上文所述，在自由贸易协定的投资章节中，保护伞条款和最惠国待遇条款是最容易触发平行程序的条款。因此，在订立相关投资章节时，应该对保护伞条款的定义、效力、适用范围和实效等内容作出尽可能详细的规定，或直接单独制定附件，以正面清单的形式将其详细地罗列出来。以此方式可以正确引导“一带一路”仲裁庭或仲裁法院作出正确的解释，避免其随意扩大管辖权，与其他争端解决机制产生冲突。另外，还应该明确区分个体间的“商事合同”和国家与个体之间的“国家契约”，将保护伞条款的援引适用范围仅限于“国家契约”，以缩小管辖范围，并在一定程度上减轻东道国的义务。

除了保护伞条款外，我国还应该效仿欧盟，对于投资章节中的最惠国待遇条款进行限制，应明确规定将投资者—国家争端解决机制排除在最惠国待遇原则的适用之外。但是，如果与“一带一路”沿线国家无法就最惠国待遇原则的适用范围达成一致，我国在订立新的国际投资条约时应注意在争端解决程序方面“留权在手”，这样最惠国待遇条款的“效力不溯及既往原则”还能发挥“亡羊补牢”之功效。[①]

最后，我国还要注意限制“用尽当地救济条款”的适用。就“一带一路”的实际情况而言，现阶段还不太可能完全摒弃“用尽当地救济条款”。“岔路口条款”和“弃权条款”是合适的选择，“岔路口条款”和“弃权条款”的存在就是为了避免投资者因为投资协定中争端解决方法的多样性而多次选择不同的方法来解决同一争端。可以说，这两个条款增加了投资者的风险和维权成本，因此我国在构建“一带一路”投资争端解决机制时还是应该尽可能去除这两个条款。

（四）加强“一带一路”自由贸易协定话语权

作为发展中国家，我国在自由贸易协定中的规则控制能力和话语权还不能与美国、欧盟等相提并论。从截至 2022 年 3 月我国已经达成的 19 个自由贸易协定中不难看出，在制定自由贸易协定时我国还是遵循最低标准原则，只有少部分协定（中国—澳大利亚自由贸易协定、中国—韩国自由贸易协定等）借鉴了欧美国家的高标准规则。值得注意的是，部分“一带一路”沿线国家（大部分是东南亚国家）已经接受了《全面与进步跨太平洋伙伴关系协定》（CPTPP）的一些高标准条款，例如，在与投资有关的章节中，一些国家认为应该将与国有企业有关的投资争端排除在投资者—国家争端解决机制之外。在 2017 年的“北京城建集团诉也门政府案”中，也门政府就认为北京城建集团不符合《解决国家与他国国民间投资争端公约》第 25 条第 1 款中规定的“国民”身份。

我国可以抓住构建“一带一路”争端解决机制的机会，主动迎接一些欧美标准的挑战，并在自由贸易协定中加入一些体现中国国情、具有中国特色并能代表绝大多数发展中国家利益的条款。在这些条款中，我国可以就自身的发展需求、经济体制等因素做出考量，使其具有一定的竞争性。例如，在投资章节中，我国应明确规定以是否开展商事活动来判断投资者身份，而并不是以所有制来判断；东道国不应当将投资企业按所有制来分类并区别对待；东道国基于国家安全所发起的审查不得对被审查企业产生不合理的限制等。我国可以通过与在“一带一路”建设中已经建立良好关系的国家逐一构建竞争性条款，逐渐向“一带一路”60 多个国家全面推行，避免产生不利条款，推进共建“一带一路”。

（五）通过构建“一带一路”争端解决机制，切实推动 WTO 改革

2018 年 6 月，欧洲理事会授权欧盟委员会推进 WTO 现代化，并就 WTO 改革提出了相关建议。为共同维护以 WTO 为核心、以规则为基础的多边贸易体制，作为世界重要的货物贸易大国以及多边贸易体制的坚定支持者，我国也应针对性地提出建设性方案，或与其他国家联手，就其提出的改革方案提出相关意见和建议，改革多边贸易体制，完善全球经济治理体系。其中，欧盟在其提案的第三部分提出了对于 WTO 争端解决机制的改革意见。而我国也需要提出符合自身实际情况和切实利益的 WTO 改革方案，特别是，我国作为最大的发展中国家，还应该代表发展中国家在国际规则构建中发出属于自己的声音。

首先，我国应提议增加 WTO 争端解决机制对于其管辖权规定的弹性。因为目前，当

① 徐崇利. 从实体到程序：最惠国待遇适用范围之争. 法商研究，2007（2）：78.

自由贸易协定争端解决机制和 WTO 争端解决机制发生冲突时，无论自由贸易协定作出何种妥协，仍旧无法从根本上解决平行程序和管辖权冲突问题。因此，笔者认为，在接下来的 WTO 改革中，还是应该赋予专家组成员和上诉机构成员一定的自由裁量权，基于当事方的正当利益决定是否应进行适当的“司法礼让”。例如，如果当事方对于平行程序并没有合理的理由和正当利益，那么专家组或上诉机构可考虑进行“礼让”；如果当事方对于平行程序有合理的理由和正当利益，那么专家组或上诉机构可以继续其 WTO 争端解决程序。

其次，我国还应该建议对专家组和上诉机构的“司法礼让”进行一定的限制。如果不对“司法礼让”进行限制，那么极有可能会导致贸易争端审理的不确定性，拒绝行使已经确立的管辖权也可能会削弱司法机构的权威，因为对已经确立的管辖权进行重新选择，这样的权威很难令人信服。我国可以提议形成“司法礼让”的标准：当自由贸易协定争端解决机制和 WTO 争端解决机制的管辖权发生冲突时，若该自由贸易协定争端解决机制已经受理该争端，且该争端与其他并行争端有不可分割的联系，则由该自由贸易协定争端解决机制来审理会更加合理，更有利于争端的解决，该情形下专家组或上诉机构可以决定进行“司法礼让”。

最后，在专家组和上诉机构改革中，由于美国的阻挠，WTO 上诉机制正处于瘫痪的状态，而欧盟在其方案中着重提出需对上诉机构进行改革，将上诉机构成员由 7 名增加到 9 名，这样不但可以提高上诉机构的效率，还可确保上诉机构成员的地域平衡，健全解决贸易问题的机制，帮助更多成员在诉讼前就解决具体的贸易问题，从而全面提高《关于争端解决规则与程序的谅解》(DSU) 的效率和公平性。对于此项提案，笔者认为我国应该予以支持，为发展中国家在上诉机构中争取到更多的席位，增强发展中国家在 WTO 改革中的话语权。原定于 2021 年 11 月 29 日的 WTO 部长级会议（MC12）原本会是 WTO 改革的一个里程碑，各国都将在此次会议中提交针对 WTO 争端解决机制改革的方案。虽然该会议因新冠肺炎疫情的原因无限期延迟了，但是对于我国而言，更应抓住这个时间差，积极准备争端解决机制改革的提案，并不断寻求与美欧等国家的谈判合作，推动 WTO 争端解决管辖权的改革，有效维护多边贸易体系的平稳发展。

WTO 改革研究

◎ 世贸组织改革背景下的国有企业议题研究

◎ 中国应对 WTO 上诉机构危机策略研究

◎ WTO 安全例外条款滥用对国际贸易的影响和对策研究

世贸组织改革背景下的国有企业议题研究

高　波

内容提要：国有企业议题是世贸组织改革的重点议题。本文试图从理论逻辑、历史痕迹和现实实践的角度，结合国有企业的中国特色对国有企业议题从双边规则制定转向多边贸易谈判的路径进行分析，指出国有企业议题的多边规则可能走向显性化，国有企业议题引入世贸组织改革领域更多体现两种制度之争，国有企业议题基于竞争中立原则开展规则制定的适用性明显增加。最后，提出我国应通过局部试验引入高标准国际规则并进行合理的制度创新，在参与国有企业议题规则谈判时，强调公平对待不同所有制企业，促使国有企业多边贸易规则反映和适用于发展中成员的经济社会发展水平，同时应继续坚持世贸组织规则约束成员政府行为而非企业经营活动的传统做法。

关键词：世贸组织改革；国有企业议题；贸易谈判

2017 年 12 月世贸组织第十一届部长级会议以来，国际经贸治理的不确定性、不稳定性持续上升，多边贸易体制面临乱象丛生难题，这主要源于美国特朗普政府的单边、霸凌和保护主义贸易政策。与美国 70 年来持续“领导”关贸总协定时期和世贸组织时代的贸易规则制定和规则更新相比，以贸易代表莱特希泽为主导的美国特朗普政府的经济外交政策走向似乎发生了逆转，比如阻挠世贸组织上诉机构法官的任命、挑战发展中成员特殊与差别待遇、罕见引用关贸总协定第 21 条国家安全条款发起单边贸易措施等，但也存在“引领”制定“高标准”贸易规则的实际举动，比如推动北美自贸区重新谈判并达成新的《美墨加协定》（USMCA），在退出《跨太平洋伙伴关系协定》（TPP）的同时，又基本照单吸收《全面与进步跨太平洋伙伴关系协定》（CPTPP）的先进要素和合理内核，联合欧盟和日本在不到两年的时间里连续发布六次联合声明，要求以“新时代贸易规则”推进世贸组织改革。上述“去全球化”和“再全球化”的双重动向，实质上均与国有企业议题相关。美国指责世贸组织上诉机构的理由之一是上诉机构成员（二审“大法官”）随意解释“公共机构”等争端议题（主要与国有企业议题相关），从而要求推进以非市场经济和国有企业为核心议题的世贸组织改革，USMCA 等自贸协定和美欧日三方联合声明既制定了国有企业规则框架，又为将国有企业议题引入世贸组织改革设计了多边规则路径。国有企业是我国的重要市场主体和中国特色社会主义制度的物质基础，国内外关于国有企业及其改革的文献众多，但涉及世贸组织改革中国有企业议题的文献较少，或语焉不详，或浅尝辄止，均无法切中将

【作者简介】高波，商务部中国国际电子商务中心高级分析师，研究方向为世贸组织与国际经济贸易，电子邮箱：gaobo@ec.com.cn。

国有企业议题转向规则谈判的要害。本文试图从理论逻辑、历史痕迹和现实实践三个角度对多边框架的国有企业议题规则谈判展开分析，结合国有企业的中国特色予以重新审视，拓展国有企业议题从双边规则制定转向多边贸易谈判路径的解释范围。

一、世贸组织改革涉及国有企业议题的理论逻辑：世贸组织成员交锋的视角

根据经典的国际组织理论，单一成员采取的谈判行动或“志同道合”（like-minded）的大多数成员采取的谈判动议都是通过世贸组织实现的，加入世贸组织不仅在于获得一种归属感，更在于通过成员身份获得各种利益，比如各类规则讨论权、成为各种谈判委员会主席、推荐本国职员进入秘书处工作等，因此对世贸组织改革需要进行一般性的或者理论性的研究。成员呼吁推进世贸组织改革，意味着该组织的目标出现了问题。如果世贸组织没有为成员增进经贸利益，比如多哈发展回合谈判未果，那么它就存在被边缘化甚至被解散重组的危险。

（一）世贸组织成为公共物品或集团理论的践行者：1995 年至 2008 年国有企业议题在多边领域尚未完全显现

世贸组织如同公共物品或集团，在该组织内成员利益和共同利益相结合的情况与竞争性市场相类似。在竞争性市场上，如果一个产业中的企业都寻求利润最大化，因价格充分竞争，一个企业销售的越多，另一个企业的价格和收入就越低，也就是说，每个企业的利益与其他企业的利益是针锋相对的，但是产业中的所有企业对维持更高价格有着共同利益。公共物品理论的创立者曼瑟·奥尔森（Mancur Olson）认为，防止价格下跌的方法是这些企业不得不成立一个积极的游说或压力集团，要求政府提供价格支持等帮助或干预[①]。同理，世贸组织成员通过贸易谈判、贸易审议和贸易争端解决等多边活动，获得有约束性的最惠国关税税率，取消非关税壁垒或增加贸易透明度，监督成员贸易政策，对不公平贸易行为进行贸易救济等，扩大产品和服务的对外市场准入机会，发展中成员还能获得“促贸援助”（aid for trade）、免关税免配额等更优惠的经贸待遇。在多边贸易规则的不断加严和约束下，经过八轮多边贸易谈判形成了贸易规则体系，并从关贸总协定时代过渡到世贸组织时代，因为这些成员的个别利益与世贸组织的共同利益具有同向性。世贸组织服从和服务于成员的共同利益，以成员驱动和一揽子接受规则体系的形式，为成员提供了不可分割的、普遍的经贸利益，直至 2006 年中国加入世贸组织完成 5 年过渡期。

这一时期，关贸总协定第 17 条“国营贸易企业”对国有企业的约束主要局限在贸易领域，要求成员对影响私营企业进出口贸易的政府措施遵循非歧视原则，并留下了约束国有企业的隐含条款，如依照商业考虑（commercial considerations）从事进口或出口业务，在价格、质量、可获得性、适销性、运输和其他购销条件方面应依照例行商业做法（customary business practice）。国有企业广泛分布在各个成员，由于成员关注国有企业是否造成了贸易扭曲行为，并未延伸至其他领域，因而国有企业议题仅被美国等个别发达成员提及，抱怨国有企业经营进出口贸易缺乏透明度，重要农产品关税配额分配迟缓且没有完成指标，但基本没有触及成员的共同利益。

① 曼瑟·奥尔森．集体行动的逻辑——公共物品与集团理论．陈郁，郭宇峰，李崇新，译．上海：上海人民出版社，2018．

（二）霸权稳定理论动摇了世贸组织的内平衡：2009 年至 2016 年国有企业议题由多边领域转向区域和双边场合

根据著名经济学家查尔斯·金德尔伯格（Charles Kindleberger）的霸权稳定理论，避免经济危机需要一个大国成为世界经济的“稳定者”，有能力并愿意承担制止危机的责任，负责为剩余产品和服务提供准入市场和协调各国的宏观经济政策①。2008 年国际金融危机爆发之际，美国主导的多哈发展回合谈判由于与印度等部分成员在农业议题上的分歧而功败垂成。随着国际金融危机的深化，西方一些企业陷入经营困境，许多优质品牌急需资金注入。与此对应的是，以国有企业为代表的一批中国企业走出去“抄底”并购，获得了优良资产。开放和自由的多边贸易体制需要大国作为“稳定者”，由单边自主开放的“稳定者”自我牺牲，建立稳定、可预期、开放的多边贸易体制和受规则约束的国际贸易秩序，可以扩大“稳定者”的全球获利机会，同时国内经济会因关税总水平相对较低、资金外流逐利、非生产性或虚拟经济投资增加而不可避免地导致经济实力规模、技术领先水平、全要素生产率、破坏性技术创新等优势走向衰落，其对外贸易政策将转向保护主义，“稳定者”的霸权丧失进一步导致世界政治经济的不稳定。另外一种可能途径是，“稳定者”无力承担单边自主开放的成本或其他世贸组织成员不再追随“稳定者”的自由贸易政策，促使既有的“稳定者”转向保护主义。

这一时期，2010 年我国经济总量达 5.9 万亿美元，成为世界第二大经济体，对世界经济增长的贡献率超过美国。2013 年，我国进出口贸易额超过 4 万亿美元，成为世界第一大货物贸易国，在世界贸易中的份额逐步增加。我国还是服务贸易、吸收外资和对外投资大国，与美国经济总量的距离逐年拉近。美国认为，中美经济实力对比出现变化，主要是国有企业在国内外市场与其他市场主体拥有不公平竞争优势导致的，并持续利用《中国加入世贸组织议定书》第 15 条主观认定中国国有企业的非市场经济地位，施以不合理的贸易救济措施。同时，这也是美国在世贸组织各种谈判场合反复鼓吹“世界变化论”“中国责任论”的背后原因，美国希望中国在世贸组织的农业、工业品和服务等议题谈判中扩大市场准入进而作出更多贡献。推动竞争政策议题谈判是美国等西方成员在世贸组织约束国有企业的目标，欧盟提出的这一“新加坡议题”遭到发展中成员的多年反对而被暂时搁置，美国被迫转向寻求经合组织框架内开展竞争政策与国有企业的基础性研究，为贸易谈判提供技术性支撑，并在 TPP 中出现了“国有企业”专门章节，为国有企业议题世贸组织多边化提供了“谈判文本”。

（三）规制俘获理论强化了高水平经贸规则的寻租动机：2017 年 1 月以来特朗普政府试图将国有企业议题由区域引向多边

根据芝加哥学派代表人物乔治·斯蒂格勒（George Stigler）的规制俘获理论，规制是经济运行的内生变量，其动机是政府官员对规制的供给与少数利益集团或产业部门对规制的需求相结合，分别谋求自身收益最大化②。所谓“俘获”（capture），是指少数利益集团为满足所在产业对规制的需要，渗透、收买和利用政府官员，操控公共权力以制定符合自己利益的政策，并通过政府对产业的保护、扶助以及政策合理化和转换等途径获得超过正常水平的额外收益。规制俘获理论可以较好地解释特朗普政府在双边层面极限施压和征收高

① Charles Kindleberger. Manias, Panics, and Crashes. Palgrave Macmillan，1996.

② George Stigler. The theory of economic regulation. Journal of Economics and Management Science, 1971, 3 – 21.

关税或采取关税威胁手段获得经贸利益，同时又在区域和多边层面“改写”高水平、高标准国际经贸规则的做法。一方面第一时间高调退出 TPP，强烈要求北美自贸区重新谈判和美国—韩国自贸区重新谈判等，减缓了美国制造业工人和“铁锈地带”选民对大规模开放产成品和服务市场以及产业资本外流导致产业空心化的担忧；另一方面让 TPP“借尸还魂”，将 TPP/CPTPP 主要条款纳入新生效的 USMCA（见表 1）中，除了国有企业的定义、国有企业例外条款的门槛标准、对地方政府拥有或控制的国有企业未来谈判时限等区别外，USMCA 和 CPTPP 的“国有企业”章节内容几乎一致。

表 1　　CPTPP 与 USMCA 关于“国有企业”章节的内容比较

异同点	《全面与进步跨太平洋伙伴关系协定》（CPTPP）第 17 章“国有企业与指定垄断”	《美国—墨西哥—加拿大协定》（USMCA）第 22 章　“国有企业与指定垄断”
共同点	两个协定的条款框架一致，包含 15 条：（1）“定义”；（2）“范围”；（3）“指定授权”；（4）“非歧视待遇和商业考虑”；（5）“司法和管理机构”；（6）“非商业协助”；（7）“有害影响”；（8）“损害”；（9）“成员特殊关注”；（10）“透明度”；（11）“技术合作”（12）“国有企业与指定垄断委员会”；（13）“例外”；（14）“未来谈判”；（15）“信息搜集程序”。此外还有若干附件	
不同点	2018 年 12 月 30 日生效	2020 年 7 月 1 日生效
	“国有企业”定义包括三个要点	“国有企业”定义包括四个要点，即新增“通过直接或间接控制获得 50%以上投票权”表述
	协定生效后 5 年内，各方就“地方政府拥有或控制的国有企业、非商业协助、抵消因国有企业提供服务对第三方市场产生的有害影响”等纪律开展未来谈判	协定生效后 6 个月内，各方就“地方政府拥有或控制的国有企业、非商业协助、抵消因国有企业提供服务对第三方市场产生的有害影响”等纪律开展未来谈判。各方应每季度会面，努力在协定生效后的 3 年内完成谈判
	6 个附件：“例外条款的计算门槛”（2 亿美元特别提款权）、“搜集关于国有企业与指定垄断信息的程序”、“未来谈判”、“地方政府国有企业与指定垄断的适用”、“新加坡”、“马来西亚”	6 个附件：“例外条款的计算门槛”（1.75 亿美元特别提款权）、“搜集关于国有企业与指定垄断信息的程序”、“未来谈判”、“地方政府国有企业与指定垄断的适用”、“特殊目的国企”、“特殊目的的国企的非商业协助”

更为重要的是，2017 年 3 月，特朗普政府将 USMCA 谈判作为贸易政策的优先选项，目标是将北美自贸协定内容“现代化”，为美国贸易谈判提供一个新标杆，重在消除阻碍“公平贸易”和“互惠贸易”的补贴政策和市场扭曲行为，这与国有企业议题密切相关。在 2017 年 7 月制定 USMCA 谈判的基本原则后，2017 年 12 月，世贸组织第十一届部长级会议在阿根廷布宜诺斯艾利斯召开，美国贸易代表莱特希泽出席会议并为特朗普政府贸易政策走向定调，为其将国有企业议题引向多边做了尝试，并复制其 20 世纪 80 年代担任美国副贸易代表以集团式先行一步启动乌拉圭回合谈判的既有经验，于 2017 年 12 月至 2019 年 5 月纠集欧盟和日本连续发布了 6 次联合声明（见表 2），尽管每次宣言的内容不尽相同，但本质上直指“非市场经济”体制和国有企业议题，逐步明确将国有企业议题谈判多边化，要求在经合组织、二十国集团等多边场合讨论和关注国有企业导致的不公平竞争问题，特别是将国有企业议题纳入世贸组织贸易谈判框架，使之成为世贸组织

改革的核心谈判要点。

表 2　　2017 年至 2019 年美欧日针对国有企业议题的联合声明

时间和地点	涉及国有企业议题的关键词	实施途径
2017 年 12 月 12 日，阿根廷布宜诺斯艾利斯	明确列明“国有企业”：政府财政资助、过剩产能、扭曲市场的大额补贴、强制技术转让、本地化要求	世贸组织和其他论坛
2018 年 3 月 10 日，比利时布鲁塞尔	未明确提及“国有企业”，但指出非市场导向的政策和做法、规则失效、不公平竞争、市场扭曲和产能过剩	世贸组织、二十国集团等
2018 年 5 月 31 日，法国巴黎	明确“公共机构”和“国有企业”，深化和加快国有企业新规则的制定，确定一个“实体”被定性为“公共机构”的基础，解决其市场扭曲行为，确保国有企业承担额外义务和规则	世贸组织、经合组织等
2018 年 9 月 25 日，美国纽约	明确“国有企业”规则的要点：解决国有企业扭曲市场行为和政府隐性担保、政府基金以非商业条件投资、非商业性债务、双重定价、补贴不良企业、提供产能过剩补贴等问题	世贸组织等
2019 年 1 月 9 日，美国华盛顿	明确列明“国有企业”：识别市场导向条件的额外要素，强调非市场导向做法导致产业过剩、阻碍新技术发展、削弱国际贸易正常功能，起草产业补贴和国有企业协定文本并酌情与世贸组织成员磋商	世贸组织
2019 年 5 月 23 日，法国巴黎	明确列明“国有企业”：讨论非市场政策和做法的规则制定，完成产业补贴和国有企业协定文本并与世贸组织成员磋商，密切“公共机构”补贴规则合作	世贸组织、经合组织等

二、世贸组织改革涉及国有企业议题的现实实践：政府与市场失灵的视角

国有企业议题成为世贸组织改革的焦点之一，这是由美国等发达成员单方面推动的。事实上，国际社会对国有企业没有统一的定义，对国有企业在经济发展中的作用、对国有企业弥补政府和市场作为资源配置手段出现失灵时的角色等看法也不尽一致。

（一）对国有企业内涵的理论溯源

各国关于国有企业的界定标准各不相同。一般来说，国有企业是指由政府投资或参与控制的企业。此外，通过特定立法获得法人资格的法定企业，如果运营目标和业务（或者一部分业务）在很大程度上属于经济性质，也被视为国有企业。

就所有权和控制权而言，CPTPP 和 USMCA 关于“国有企业”的定义认为，拥有“所有权”也意味着拥有控制权。上述两个协定对“同等控制”也进行了约定。例如，国家虽然只持有企业的少数股份，但可通过法律规定或公司章程，对企业或企业董事会拥有持续控制权。同时，上述两个协定对可能“打擦边球”的情况进行明确表述。例如，“金股”构成控制权，因为这取决于其赋予国家权力的多少，即使国家仅持有少数股份，但公司结构或持股结构赋予国家实际控制权，则也应算作国有企业。与此同时，CPTPP 和 USMCA 在所有权和控制权方面对另外一类企业网开一面。比如，政府通过养老基金等独立资产管理机构间接持有股份的比例低于 10%，且既不构成控制，也不隐含长期利益诉求的实体，同样不应被视为国有企业。又如，经合组织认为，政府因企业破产、清算、托管或接管而在有限期间拥有或控制的实体，一般也不被视为国有企业，这在 CPTPP 和 USMCA 条款中也有所体现。

从国有企业的相关理论和经验来看，国有企业是政府调控与市场手段孰优孰劣争论的

焦点，某种程度上也是持续争论的经济成果或牺牲品。首先，不论是赞成国有企业，还是反对国有企业，都没有明确的理论依据。与国有企业相关的“信息不对称”理论、私有化基本定理等要求的是“等级制”公司结构，而不是“契约制”市场结构。“信息不对称”理论指出，市场在公共产品和社会服务提供方面具有先天不足，需要政府介入或主动发挥资源配置的作用，减少市场机制造成的信息不对称导致的社会福利损失。这不仅为洞察国有企业的运行拓宽了理论视角，而且也为转型经济中的发展中国家对国有企业改革进行体制设计和政策选择提供了具有启发性的思路。“信息不对称”理论代表学者约瑟夫·斯蒂格利茨（Joseph Stiglitz）等认为，符合假定条件的理想政府自己管理自己的企业可能会比私有化做得更好，并始终认为私有化不是一种好的选择①。比如，苏联时期，迅速私有化导致了巨大的不公平，这使得私有产权的合法性大打折扣，至少对私有化过程中的私有产权来讲，甚至整个市场体制的合法性都可能大打折扣。要想使私营领域公司优于国有企业，要满足的条件是非常苛刻的，有时甚至是不现实的。

除了上述理论没有明确论证国有企业的优劣外，还必须认识到，大型国有企业和民营企业所面临的问题往往都比较相似。这是因为，无论是国有企业，还是民营企业，往往都有多重的相互重叠的层级关系，因此也都受制于复杂的“代理问题”或“委托代理问题”。以新自由主义学说为依据的“华盛顿共识”标榜以市场经济为导向，在国有企业问题上主张私有化，提出国有企业私有化的政策方向。即使是从逻辑层面上说，“华盛顿共识”和正统经济学的支持者所推荐的全面私有化，也只是解决国有企业所面临问题的一种手段。即使不通过出售股份，国有企业也可以通过机构改革、增进竞争以及政治和行政改革等手段改善运行。

（二）国有企业是矫正市场失灵的重要渠道

如上所述，没有任何明确、系统的证据证明国有企业就是政府和经济的负担。我们还要注意的是，欧美学者在涉及与国有企业相关的经验资料的选择上存在一定程度的“选择偏见”，即往往更多地倾向于讨论那些表现欠佳的国有企业。尽管人们对有问题的国有企业予以更多的讨论也是正常现象，但是，这会给我们一种国有企业表现欠佳是普遍问题的错觉，没有理论足以让人相信市场可以自动产生有效率的结果，国有企业的行政性和公益性决定了其生存土壤较为深厚，其理由如下：首先，国有企业可以防止滥用市场经济中存在的自然垄断权。市场经济条件下，特定行业将产生供应商独大的自然垄断经营行为，市场价格信号失真从而供应商可以提高出售价或者压低购买价获得额外的垄断利润。这一自然垄断现象的结果就是社会财富的不公平分配以及经济上的无效率。因为卖方垄断公司所生产或者买方垄断公司所购买的商品和服务要低于社会所需要的最佳水平，而政府设立国有企业直接强化价格信号管理，将有助于更好地发挥和引导市场经济运行机制。其次，国有企业可以在某种程度上缓解市场经济中存在的外部性问题。私人和社会收益的不对等将产生正外部性或负外部性问题。在政府指导下，国有企业不能利用特定优势为自己赚取高额利润。相反，国有企业将这部分利润转移到其产品和服务购买者身上，从而使整个经济受益。从企业本质及企业治理角度进行分析，这种私人收益让位于社会收益的做法是支持建立国有企业的另一个原因。最后，国有企业可以帮助解决市场经济中存在的发展失衡问题。

---

① Narcís Serra, Joseph E Stiglitz. The Washington Consensus Reconsidered:Towards a New Global Governance. Published to Oxford Scholarship Online: May 2008.

比如，如果只依靠以盈利为目的的公司，那么偏远地区的人们就可能无法享受最基本的公共服务，如邮政、供水和交通等。在此情况下，国有企业是保证所有公民公平享有基本服务的最便捷手段。又如，私营养老保险或健康保险公司，一般都不愿意对高风险人群特别是贫困人口提供保险。如果以国有企业形式运行，则可以保证最脆弱人群能够得到最基本的社会保障。

此外，国有企业可以在某种程度上矫正市场经济中存在的市场失灵现象。在自由市场经济体制下，私人企业天然厌恶高风险低收益项目，比如在偏远贫瘠地区设置邮政服务点、在近海岸设置引航灯塔等，而这些项目国家又亟须维持以满足少数公众和企业的需求。投资者不愿投资那些长期来看具有很高收益但在短期内具有较大风险的项目。比如，英国将邮政设定为国有企业，就是因为私人领域认为其风险太大。如果个人仅仅根据市场激励行事，就可能导致法律与秩序、基础设施、基础医疗、基础教育和科研等公共产品供应不足。没有相应的政府监管，市场会鼓励以可持续发展所需的长期投资为代价的短期的唯利是图行为。为此，公共投资能够而且也应该发挥关键作用，通过对机械设备，通信等物质基础设施的投资，可以提高社会效率。通过对健康、教育、培训以及科研的投资，可以提高人力资本效率。对主要出口农产品地区的道路设施投资、对新扩张产业工程师的培训投资、对私人投资来说风险过大的基础投入等，可以“挤进”私人投资。政府解决市场失灵的一个方法就是建立发展银行或政府投融资平台，对那些风险大的、长期的风险企业进行投资，而不是本身去建立和管理生产性的国有企业。但是，在大多数发展中国家，私营领域缺乏具有企业家精神的人才，所以，即使有发展银行也不一定能够成立必要的风险企业。在此情况下，建立国有企业比成立发展银行或政府性投融资平台更能有效应对市场失灵。

撇开伦理学上的考虑，仅仅从经济学看，上述所有国有企业存在的理由，也可以通过民营企业实现。这些民营企业可以在合理的政府监管体制、税收优惠或者政府补贴手段下经营，从而可以兼顾私人成本和社会成本、私人收益和社会收益。比如，政府可以对那些从事研发等具有高度外部性活动的民营企业予以补贴。又如，政府可以特许民营企业从事邮局、铁路、供水、灯塔信号等基本服务，其前提条件是它们要保证所有社会成员都能够享受平等性，分享社会成果。但是，市场和企业不能包办一切。透明度较低的国有企业比更偏重于契约形式的民营企业更容易服从政府管理，执行政府的政策意图。即使将机构成本考虑在内，在自然垄断或正外部性等市场价格信号基本失效的行业，国有企业通过直接的内部政府指令对意外情况进行处理，往往比基于契约形式的民营企业更节省成本，也就是说，国有企业的机构成本将低于民营企业的制度成本、交易成本。对于国家治理能力缺失、相对行政能力不足、缺少立法能力的发展中国家而言，国有企业在解决政府与市场关系的问题方面尤其适用①。

（三）“公共机构”是国有企业议题谈判的关键起点

过去几年，欧美及经合组织通过讨论竞争中立问题、将竞争政策引入自贸协定等途径，为国有企业和“公共机构”定制了多边贸易规则框架。当前，欧美希望将国有企业纳入世贸组织改革的视野，但国际社会对国有企业没有统一的定义，关贸总协定第 17 条也仅仅是对国营贸易企业提出了纪律约束要求。按照经合组织和美欧日三方联合声明的标准，国有企业为从事商业经营活动的企业，表现为政府或者直接拥有 50%以上股权，或者通过所有

① 张夏准（Ha-Joon Chang）. 国有企业改革. 联合国经济社会事务部报告，2007.

者权益拥有 50%以上的投票权，或者拥有董事会和管理层高级管理人员的任命权。按照 USMCA 最严格的国有企业定义，国有企业为政府通过所有者权益、间接或少数所有权等渠道，拥有企业控制权[①]。

我国加入世贸组织以来，国有企业在国际竞争中不断成长。从根本上说，国有企业不断锻造自身国际竞争力，在国际贸易投资经营活动中获得了相对欧美企业更多的竞争优势。按照上述国有企业定义，近年来我国国有企业进出口贸易总额、出口贸易额和进口贸易额在全国的占比均呈现了下降态势，分别从 1990 年的 82%、87.2%和 75.9%降至 2019 年的 16.9%、9.4%和 25.8%(见表 3)。我国国有控股工业企业数从 1998 年的 64 737 家降至 2018 年的 18 670 家（见图 1)。从我国国有企业进出口贸易规模和企业数量看，欧美力争把国有企业议题谈判纳入世贸组织改革进程中，似乎理由并不充分。但是，如果将世贸组织《补贴与反补贴措施协定》第 1 条“补贴的定义”中的“存在由政府或任何公共机构提供的财政资助”[②] 进行放大解读，确定一个“实体”（国有企业）被定性为“公共机构”的基础，即将国有企业作为“公共机构”与“政府”并列，那么，我国国有企业（包括国有商业银行）的正常经营活动将被认定为“政府”的控制，该“实体”行使了政府职能，由此关联的政府隐性担保、政府基金以非商业条件投资、非商业性债务、双重定价、补贴不良企业等非商业协助将被认定为“政府”行为，国有企业作为“政府”出现了非市场经济导向的政策和做法，使得市场调控资源的手段失灵，扰乱了正常的国际贸易秩序，这为更新补贴与反补贴多边贸易规则打开了方便之门。

表 3　　我国国有企业贸易额及全国占比情况　　单位：亿美元、%

年份	进出口		出口		进口	
	金额	比重	金额	比重	金额	比重
1990	946.1	82.0	541.4	87.2	404.7	75.9
2000	2 153.7	45.4	1 164.5	46.7	989.2	43.9
2005	3 660.2	25.7	1 688.1	22.2	1 972	29.9
2010	6 219.1	20.9	2 343.6	14.9	3 875.5	27.8
2011	7 606.3	20.9	2 672.2	14.1	4 934	28.3
2012	7 517.1	19.4	2 562.8	12.5	4 954.2	27.3
2013	7 479.7	18.0	2 489.9	11.3	4 989.9	25.6
2014	7 475.5	17.4	2 564.9	11.0	4 910.5	25.1
2015	6 502.3	16.4	2 423.9	10.7	4 078.4	24.3
2016	5 764.3	15.6	2 156.1	10.3	3 608.2	22.7
2017	6 686.7	16.3	2 312.3	10.2	4 374.4	23.8
2018	8 046.1	17.4	2 572.6	10.3	5 473.5	25.6
2019	7 904.7	16.9	2 356.1	9.4	5 368.6	25.8

资料来源：中国海关统计。

① 经合组织. 国有企业公司治理指引：2015 年版.

② 英文为“financial contribution by a government or any public body”。在中国诉美国对部分产品征收反倾销税和反补贴税案（DS 379 案）中，世贸组织争端解决机制专家组和上诉机构成员对“government”“or”“public body”进行了不同的“司法解释”。

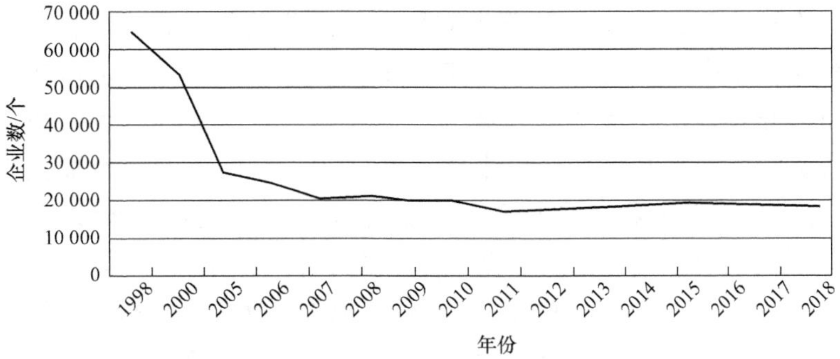

图 1　1998—2018 年中国国有控股工业企业数

资料来源：国家统计局. 中国统计年鉴 2019. 北京：中国统计出版社，2020.

三、国有企业议题形成世贸组织多边规则的前景研判

关于国有企业和竞争中立，特别是在有可能形成多边规则方面，我们既不能完全忽视，也不宜被动接受，而是要积极研究，围绕营造公平竞争环境，提升国有企业国际竞争力，提前谋划部署，主动应对挑战。

（一）国有企业议题的多边规则可能走向显性化

从多边贸易体制的谈判历史看，特定议题的国内法规则或“志同道合”的小诸边规则比多边贸易规则纪律约束更多、关税减让幅度更大，随着贸易谈判回合和国际经贸格局变化，这些高水平、高标准的国内规则和小诸边规则将逐步转化为多边贸易规则，成为约束全体关贸总协定缔约方或世贸组织成员的共同纪律。同时，为了平衡不同缔约方或成员的经济发展水平和谈判能力差异，多边贸易规则条款体现了灵活性和差异化诉求，并以特殊与差别待遇条款“鞭策”发展中成员。如同北美自由贸易区协定内容纳入乌拉圭回合一揽子协议，经合组织提出竞争中立原则①、美国将国有企业纪律内化于 TPP 和 USMCA 等自贸协定、美欧日三方声明明确指向国有企业，这些做法可能是将国有企业议题纳入世贸组织改革的前奏。此外，2020 年 2 月和 7 月，美国在世贸组织总理事会上分别提出了符合市场导向条件的八条标准，涉及企业价格、成本、投资、技术、会计准则、治理结构等方面，这些微观市场主体的标准为国有企业议题谈判划定了主要谈判要素。美国的提案体现了国有企业议题的形成路径、价值取向和制度安排等各个方面。为将国有企业议题转化为由美国主导的多边贸易新规则，美国可能再次在双边和区域自贸协定中设置国有企业条款，通过经合组织发布报告并形成国际软法，将国有企业议题作为世贸组织改革和多边规则谈判的重要议题方式，目的是限制国有企业的国际竞争力，制定更严格的纪律和更全面的标准约束国有企业经营行为。对此，我们应从更广阔、更本质的视野，通过参与引领而非置之不理的方式来对待国有企业议题的扩张性和转化为国际法的单边要求，来理解世贸组织改革新情势下的国有企业议题及其实践。

（二）将国有企业议题引入世贸组织改革领域更多体现两种制度之争

国有企业是中国特色社会主义的重要物质基础和政治基础。美国强调维持国有企业与

① Antonio Capobianco, Hans Christiansen. Competitive Neutrality and State-Owned Enterprises: Challenges and Policy Options, OECD Corporate Governance Working Papers, No.1, OECD Publishing, Paris, 2011. http://dx.doi.org/10.1787/5kg9xfgjdhg6 – en.

民营企业之间的“公平竞争”，力推竞争中立原则，借助世贸组织改革将其向多边贸易规则转化。将国有企业议题引入世贸组织，以国有企业执行非市场经济的政策和做法为幌子，美国可以制定和解释规则，在域外实施规则，运用规则评判其他国家，以及吸引或促使其他世贸组织成员认同、参与和接受竞争中立规则，进而过渡到国有企业条款领域。

2017 年 3 月以来，美国构建的整套国有企业规则经过双边和区域层面“试水”，初步具备了转向世贸组织多边规则层面的轮廓，包括以关贸总协定第 17 条国营贸易企业规则为基础的非歧视待遇条款、以《补贴和反补贴措施协定》为基础的非商业协助条款、以推翻“中国诉美国对部分产品征收反倾销税和反补贴税案”（DS 379 案）裁决结果从而扩大现行世贸组织项下“公共机构”范围为基础的国有企业定义、以 USMCA 国有企业章节为基础的透明度等四个主体领域①。国有企业条款等涉及政府与市场的关系以及市场经济、全球化条件下政府的角色定位。美欧通过世贸组织改革或现代化推行并促使其他成员接受国有企业条款及规则，本质上是欧美政府希望对以公平竞争为基础的经济体制及多边规则的生成与扩张，预计国有企业议题多边规则之争将更为复杂。一旦国有企业议题形成世贸组织规则，国有企业的“中国特色”将服从于多边规则，企业法人治理结构、企业家治理能力和企业职工文化形成的独特国际竞争优势可能受到削弱，而欧美不同类型的企业借助多边规则获得调整的时间窗口。

（三）国有企业议题基于竞争中立原则制定规则的适用性明显增加

在市场经济和经济全球化背景下，特别是“一带一路”倡议顺利实施，中国企业稳步走出去，国际生产要素交换日益频繁，我们可以长远和务实的理念研究国有企业议题。美国特朗普政府在对外贸易谈判中常常夹带保护主义、单边主义的私货，比如美国在许多双边自贸协定谈判中将竞争中立规则适用的国有企业范围限定在联邦层面，不涉及州一级。这明显对美国有利，因为美国几乎没有联邦层面的国有企业。与此同时，美国又在公开场合妄议中国为扭曲性的经济发展模式，认为国有企业与多边贸易体制和国际经贸规则“不相容”，为主导国际规则而利用优势地位打压国有企业，我国宜选择继续通过政治、外交等途径在世贸组织总理事会、各种例会等场合进行辩论，予以谴责及合理对抗。

同时，随着国内外经济形势变迁和企业微观主体的变化，竞争中立原则客观上具有一定的正外部性，有利于国际贸易自由化、投资便利化的效应得以显现。此外，竞争中立原则对世贸组织成员处理政府与市场关系、国有企业与民营企业一视同仁、政府从事公益性商业活动、具有垄断性的法律实体等问题应当遵循的立场和规则作出明确示范，为世贸组织成员弥补能力缺失，推动国内法变革并参与世贸组织改革形成强劲的倒逼机制。还要看到，竞争中立原则引入世贸组织，有可能如同世贸组织下的《与贸易有关的投资协定》《与贸易有关的知识产权协定》一样，表现出比较严重的路径依赖②。即使如此，我们似乎也不能陷入消极被动应对的传统思路中，而应适应中国的国情和发展阶段，大力推动国有企业改革，意识到竞争中立作为贸易投资规则趋势的必然性以及更好发挥政府和市场各自作用的必要性，重点关注如何参与并引领国有企业和竞争中立等相关规则在多边贸易体制框架内的形成。

---

① 姚雅倩．WTO《补贴与反补贴协定》中“公共机构”的认定——以 DS 379 案为视角．法制与社会，2013（18）：60－62．

② 冯辉．竞争中立：国企改革、贸易投资新规则与国家间制度竞争．环球法律评论，2016（2）：152－163．

四、结语与建议

当前，世贸组织面临新冠肺炎疫情等的挑战，多边贸易谈判功能近乎停滞。CPTPP 和 USMCA 制定了国有企业规则的蓝本，美欧日三方联合声明则强化了国有企业议题多边化的路径，美国单方面或联合其他世贸组织成员以透明度、非市场导向政策和做法的提案、世贸组织总理事会辩论、各谈判委员会涉及国有企业议题的特殊贸易关注等方式迫使国有企业议题多边化，特别是美国不满上诉机构对“公共机构”定义的裁决导致上诉机构于 2019 年 12 月瘫痪，事实上将国有企业议题与贸易争端解决机制顺利运转进行了利益捆绑。下一步，国有企业议题可能成为世贸组织改革和规则谈判的重点领域。我国应加强对国有企业议题的持续研究和跟踪，找准切入点，对照 CPTPP 和 USMCA 等高标准自贸协定的国有企业、竞争政策等章节，在上海、海南等自贸区（港）引入与国有企业议题相关的具体制度安排，完善我国国有企业改革政策、产业政策、竞争政策等，通过局部试验引入高标准国际规则并进行合理的制度创新，巩固多边贸易规则形成的引领地位，促使国有企业多边贸易规则尽可能反映和适用于包括中国在内的发展中成员的经济社会发展水平。与此同时，高标准自贸协定和美欧日联合声明关于国有企业的规则制定过于偏重限制国有企业，在有些方面矫枉过正，甚至出现一些专门有针对性地限制中国国有企业的现象，偏离了多边贸易规则的中性标准[①]。在参与世贸组织改革和国有企业议题规则谈判时，世贸组织成员应公平对待不同企业，而不是专门限制国有企业，不应对不同所有制企业进行歧视。在进一步的国有企业议题规则谈判中，应继续坚持以世贸组织规则约束成员政府行为而非企业经营活动的传统做法。

① 崔凡．评易纲首次对国企竞争中性原则表态．国际经贸在线，2018－10－19．

中国应对 WTO 上诉机构危机策略研究①

——以上诉仲裁机制为例

孟 琪

内容提要：被誉为 WTO“皇冠上的明珠”的争端解决机制是 WTO 制度下最核心、最独特的部分，在当前单边主义盛行、逆全球化趋势明显的国际大背景下，其重要组成部分——WTO 上诉机构面临生存危机。本文首先介绍了 WTO 上诉机构危机的原因、具体问题和国际解决方案，然后分析了目前备受关注的 WTO 上诉仲裁机制设立的实际情况、可行性以及具体安排和发展前景，最后提出了 WTO 上诉机构危机应对的中国策略，用中国的经验和智慧促进国际法治和全球经济的发展。

关键词：WTO 上诉机构；上诉机构危机；上诉仲裁机制；中国策略

引言

当前，国际形势波诡云谲，单边主义盛行，逆全球化趋势明显，严重影响着全球经济发展。在此背景下，以世界贸易组织（World Trade Organization，WTO）为核心的全球贸易体制和法律制度正在遭受前所未有的挑战，② 甚至因 WTO 上诉机构“停摆”而面临生存危机。

WTO 争端解决机制是世界贸易组织法律体系中最主要且具有独特性的组成部分，成熟规范的争端解决机制是 WTO 引为骄傲的标签，因此被誉为 WTO“皇冠上的明珠”。WTO 争端解决机制运行至今已经近 28 年，作为 WTO 的“牙齿”一直高效地处理着成员间的贸易争端，同时在维护多边贸易体制、促进世界经济稳定发展方面起到了至关重要的作用。根据 WTO 争端解决机制的基础性文件——《关于争端解决规则与程序的谅解》（DSU）第 16.4 条和第 17.1 条的规定，WTO 首度创设了常设性上诉机构以实现两审终审制。随着经

【作者简介】孟琪，上海第二工业大学教授，研究方向为 WTO 争端解决机制，电子邮箱：mengqi@sspu.edu.cn。

① 本文得到以下基金项目的大力支持：（1）2019 年国家社会科学基金年度项目“逆全球化背景下的世界贸易组织争端解决机制中国改革方案研究”（项目批准号：19BFX202）；（2）2018 年度中国—上海合作组织国际司法交流合作培训基地研究基金项目“构建上海合作组织争端解决机制研究”（项目批准号：18SHJD018）。

② 2017 年特朗普就任美国总统之后一直奉行“美国优先”政策，在国际经贸领域奉行单边主义政策，置 WTO 等多边法律规则于不顾，对 WTO 多边贸易体制及其法律制度横加指责，坚持以其国内法对他国实施贸易制裁措施。See The White House of the United States, Pillar 2: Promote American Prosperity, National Security Strategy of The United States of America, Published in December 2017, http://nssarchive.us/wp-content/uploads/2017/12/2017.pdf. 2021 – 08 – 06.

济全球化的快速发展，WTO 上诉案件数量急剧上升，但上诉机构却因“停摆”而遭遇前所未有的生存危机。

一、WTO 上诉机构危机

2016 年 5 月，美国首次以上诉机构“超越权限”对解决一项争端并无必要的问题发表“咨询意见”，阻挠时任上诉机构成员张胜和（韩国籍）连任。自此以后，美国一直不惜运用成员权利持续反对上诉机构成员的遴选和任命，[①] 直至 2019 年 12 月 1 日，Ujal Singh Bhatia（印度籍）和 Thomas R.Graham（美国籍）任期届满之后，上诉机构仅剩 1 名中国籍成员，因此被迫停止运作，WTO 争端解决机制的上诉机构已实质性进入“停摆”阶段[②]，这种情况的发生相当于全球贸易治理倒退了 20 年，同时也向世界发出了一个极其危险的信号。[③]

（一）WTO 上诉机构面临的挑战

美国坚持阻挠上诉机构成员的选聘工作直接造成 WTO 上诉机构“停摆”危机。尽管美国是 WTO 强有力的争端解决机制的最早支持者，但其近年来对 WTO 争端解决机制的不满不绝于耳。[④] 自 2016 年 8 月起，美国针对上诉机构的问题向 WTO 提交的报告多达 170 多页，主要针对上诉机构审议程序中的一些技术性问题[⑤]，另外，涉及美国的某些案件的上诉机构报告也被重点关注。

美国对外发布的《2018 年贸易政策规划及 2017 年贸易协议年度报告》[⑥] 较为全面地概括了美国对上诉机构的批评，简称为“七宗罪”，即 5 个“实质问题”和 2 个“程序问题”。

1. 上诉机构在某些案件中对 WTO 规则的实体性解释有越权嫌疑，导致 WTO 成员的权利或义务被扩大或减损，简称“越权裁判”

所谓“越权裁判”（overreaching），是指美国提出的专家组和上诉机构在审理案件和作出裁决的过程中增加或减少了 WTO 协定项下成员的权利和义务问题。美国认为 WTO 争端解决机构的建议或裁决（简称“WTO 裁决”）不能扩大或减损 WTO 规则授予的权利或义

---

① 自 2017 年 11 月 22 日至 2019 年 2 月 25 日，关于上诉机构成员的选任议题在 WTO 争端解决机构会议上被讨论多达 14 次，均因美国坚决反对而未能达成一致意见。

② 根据 DSU 第 17 条的规定，上诉机构由 7 名成员组成，每个上诉案件由 3 名成员组成法庭审理；成员任期 4 年，可连任一次；遇有上诉机构成员空缺时，由所有 WTO 成员组成的争端解决机构通过协商一致的方式及时任命新成员。

③ WTO 对于美国近期采取的单边措施深表担忧，强烈呼吁各成员支持多边贸易体制，不应违反 WTO 规则采取单边贸易限制措施。See Director-General Roberto Azevêdo's speech. He outlined the challenges and opportunities facing the Organization and called on WTO members to show their political support and work together to strengthen the multilateral trading system. Speaking at a meeting of the whole WTO membership on 5 March, Director-General Roberto Azevêdo responded to a series of announcements from WTO members in recent days which suggested that a range of new, unilateral trade barriers could soon be put into force. DG Azevêdo warned of the risks posed by such measures, calling on members to reflect and avoid escalation, https://www.wto.org/english/news_e/spra_e/spra_e.htm.2021－08－06.

④ 美国《2018 年贸易政策规划及 2017 年贸易协议年度报告》第 22 页。该文件见美国贸易代表办公室（United States Trade Representative，以下简称 USTR）https://ustr.gov/sites/default/files/files/Press/Reports/2018/AR/2018%20Annual%20Report%20 final.pdf. 2021－08－06.

⑤ WTO, Working Procedures for Appellate Review, WT/AB/WP/W11, July 2010.

⑥ USTR, The President's 2018 Trade Policy Agenda, https://ustr.gov/sites/default/files/files/Press/Reports/2018/AR/2018%20 Annual%20 Report%20.pdf. 2021－08－08.

务。美国通过列举一系列案件，提出上诉机构成员存在“越权”解释行为，尤其在贸易救济案件中更为突出，如关于“公共机构”“非歧视义务”等的解释，对此其明确提出了对DSU 进行修订以加强 WTO 成员控制权的建议。[①]

2. 上诉机构报告的“先例”地位问题，即“遵循先例”

所谓“遵循先例”，是指除非强而有力的理由（cogent reasons），上诉机构的裁决对专家组有应予遵循的效力，这意味着上诉机构报告具有事实上的“先例”效力，除非缺乏“强而有力的原因”。最早在“美国不锈钢案（墨西哥）”（DS 344）中，上诉机构提出，上诉机构位于专家组之上，职责就是审查专家组报告，“遵循先例”有利于“安全性和可预见性”以及迅速解决贸易争端。美国认为，这种做法缺少法律依据且上诉机构由此改变了争端解决裁决的性质，即上诉机构报告具有了“先例效力”。尽管上诉机构报告可以澄清和解释 WTO 规则，但这并不意味着报告可以替代协定文本予以遵循。

3. 上诉机构对事实问题的“越权”审查

WTO 上诉机构的职责是审查专家组是否正确解释和运用 WTO 协定，专家组的一项工作就是审查 WTO 成员的国内法是否与 WTO 规则一致，而上诉机构需要判断专家组的审查是否准确。美国认为，上诉机构的这一职责属于“事实”审查，并举例说明，上诉机构在 1997 年的“印度诉美国专利案”（DS 50）中就曾经采取了这一做法。美国还提出，在司法实践中，上诉机构经常使用不同的方法判定专家组的事实审查行为，并得出一些似是而非的结论，尤其是涉及一些关于 WTO 成员国内法问题的审查，美国特别强调这只是事实问题而不是法律问题，违反了 DSU 第 17 条第 6 款的规定，[②] 因此其并不在上诉机构审查的范围内。

4. 上诉机构报告中涉及一些与案件自身无关或当事人并未提及的问题，即“咨询意见或附带意见”

所谓“咨询意见或附带意见”（obiter dicta），是指上诉机构成员在审理案件之前或者涉及某些非现实情况的法律问题时提出了一些不具有法律效力的建议，即在 WTO 案件的上诉机构报告中所提出的并非解决贸易争端所必需的部分。美国指出，上诉机构法官常常针对一些在解决 WTO 争端过程中的非必要问题或者当事方根本未提及的问题发表看法，甚至上诉机构报告中的附带意见多达 40 多页。[③] 这些咨询意见或附带意见属于“造法行为”，明显超出了上诉机构的权限。

5. 上诉机构及其成员的独立性问题

在 2016 年特朗普成功竞选总统之后，美国成功阻挠了韩国籍上诉机构法官张胜和连任，由此引发了上诉机构的第一次选聘大法官事件。美国提出，这位成员没有能够全面履行上诉机构成员的职责，审理的很多案件均存在问题，这将有损于 WTO 成员对争端解决机制的信任和支持，以此为理由坚决不同意其连任。这一做法遭到其他 WTO 成员的反对，认为这将有损上诉机构和法官的独立性，破坏 WTO 争端解决机制的可信度。[④]

---

① USTR. Further Contribution of the U.S. on Improving Flexibility and Member Control in WTO Dispute Settlement: Communication from the U.S., TN/DS/W/82 &TN/DS/W82/Add. 2021 – 08 – 08.

② DSU 第 17.6 条将上诉审查限于“专家组报告中涵盖的法律问题以及所做的法律解释”。

③ WTO. Argentina-Measures Relating to Goods and Services, WT/DS453/AB/R, 2021 – 08 – 08.

④ 关于连任危机情况，参见：杨国华．WTO 上诉机制论．北大国际法与比较法评论，2018，15（1）：107.

6. 上诉机构在WTO争端解决程序方面享有较为广泛的自治权，如“超期服役”

根据DSU的规定，上诉机构法官一般任期为四年，连选可以连任一次，但司法实践中，常常因为案件审理的周期过长而导致案件还未审结但上诉机构法官的任期已经届满，需要上诉机构法官在任期之外继续审理案件的“特殊”情况，通常被称为“超期服役”。WTO规则对这种“特殊”情况规定了“过渡期”，即通过上诉机构授权且向争端解决机构（DSB）通报后，“超期”法官仍然可以继续审理未结案件。[①] 美国提出，上诉机构直接或间接影响着WTO成员的权利和义务，如自行决定离任的上诉机构法官可以“超期服役”以及缺乏透明度等问题。[②] 美国认为，只有争端解决机构（DSB）在上诉机构法官任期届满的情况下有权授予其继续审理案件的权限而上诉机构本身并没有此权限。

7. 上诉机构未执行DSU规定的程序性要求——“审理期限”

DSU第17.5条规定，上诉案件的一般审理期限为60日；如果60日内案件未能结束，上诉机构应向争端解决机构书面通报未结案的原因以及预估结案时间，但是90日为最长期限。美国提出，上诉机构自2011年以来经常违反90日审理期限的规定，而且不向争端解决机构通报原因，甚至不与当事方商量。因此，美国指责上诉机构不服从审查要求，违反了DSU“迅速解决争端”的宗旨。

（二）WTO上诉机构危机的应对方案

面对WTO上诉机构所面临的危机，包括中国在内的WTO主要成员积极寻求问题解决路径，提出多种改革建议和方案。[③]

2019年1月17日，新西兰驻WTO大使沃克作为总理事会主席任命的特别协调员听取了WTO成员对上诉机构法官选任的意见，提出了解决方案。

1. 方案一：推动遴选

通过多边谈判恢复上诉机构法官选聘程序是化解当前WTO上诉机构“停摆”危机的最好方式，再通过“协商一致”原则针对WTO争端解决机制的改革达成统一意见。但美国作为WTO上诉机构危机的始作俑者提出，它对WTO成员提出的若干关于上诉机构的改革建议并不满意，因为这些建议均未解决上诉机构“越权”这一核心问题，因此，由122个WTO成员同意的推动遴选的方案最终并未实现。

2. 方案二：强行投票

目前，WTO上诉机构的危机在法律层面上受制于WTO“协商一致”的决策机制。[④]“协商一致”的决策机制产生于关贸总协定（GATT），通过外交方式达成决策和政治色彩浓厚是其本质和特色。[⑤] 在WTO上诉机构危机如此严峻的紧要关头，突破协商一致的决策机

---

①《上诉审议工作程序》第15条规定：不再担任上诉机构成员的人，经上诉机构授权并向DSB通报，可以完成案件审理工作。

② WTO, Statement by Ambassador Robert Lighthizer United States Trade Representative, WT/MIN(17)/ST/12.2021-08-08.

③ 关于如何尽快解决目前上诉机构面临的严重危机，欧盟、中国、加拿大、印度等70多个成员先后通过不同形式提出了若干份改革建议，包括欧盟的《世贸组织现代化概念文件》、加拿大的《关于强化和现代化世贸组织的讨论文件》和《渥太华集团关于世贸组织改革的联合公报》、中国的《关于世贸组织改革的三项原则和五项主张》以及WTO成员提交总理事会和争端解决机构会议的10多份其他文件。

④ 关于协商一致的缺陷，参见：Richard Blackhurst, David Hatridge. Improving the Capacity of WTO Institutions to Fulfil Their Mandate. Journal of International Economic Law, 2004(7): 708-716.

⑤ Mary E Footer, The Role of Consensus in GATT/WTO Decision-making. Northwestern Journal of International Law and Business, 1996(97): 668.

制限制，启动 WTO 多数成员的投票程序，虽然至今在 GATT/WTO 的历史上尚无先例，但《建立世界贸易组织协定》第 9 条第 1 款的规定为发起成员投票提供了可能性，但其只能是应对上诉机构危机的一种迫不得已的无奈之选。

3. 方案三：另起炉灶

如果上述两个方案均不能最终实现，有成员提出在 WTO 之外另起炉灶，建立一个新的世界贸易组织，替代 WTO 来完成全球经贸治理的重任和使命。这一创意来源于跨太平洋伙伴关系协定（Trans-Pacific Partnership Agreement, TTP）和全面与进步跨太平洋伙伴关系协定（Comprehensive Progressive Trans-Pacific Partnership, CPTPP）的创立，尽管它们之间有较大的区别。虽然有 163 个 WTO 成员赞成在 WTO 外另起炉灶的方案，但由于难度太大很难在短时间内实现而最终被放弃。

WTO 多数成员认为，上诉机构“停摆”危机如果持续下去将对 WTO 争端解决机制造成实质性的损害，甚至影响 WTO 作为多边贸易体制的顺利运行。

二、WTO 上诉仲裁机制设立的可行性

WTO 成员密切关注上诉机构危机，纷纷提出改革建议试图化解危机，但因改革建议并未触及美国对上诉机构“越权”这一核心问题的批评，因此，美国最终也未同意通过改革谈判来解决上诉机构所面临的困局。与此同时，WTO 成员提出的三个解决方案也因各种原因并未实施，如何通过创新改革来破除 WTO 上诉机构危机成为目前棘手的问题。

（一）WTO 上诉仲裁机制的提出

2017 年 7 月，世界著名的盛德（Sidley Austin）律师事务所日内瓦办事处的几名在 WTO 案件实战中具有丰富经验的律师提出设立 WTO 上诉仲裁机制的构想。其基本设想为：援用 DSU 第 25 条“仲裁”（arbitration）来临时替代性地审理上诉案件，即把 DSU 第 25 条仲裁程序作为上诉程序。

（二）DSU 第 25 条仲裁概述

DSU 第 25.1 条规定，“WTO 中的快速仲裁作为争端解决的一种替代手段，能够便利所涉问题已经由双方明确界定的某些争端的解决”，即“WTO 中的速效仲裁可以作为争端解决的一种替代手段”。

1. 条款释义

根据 DSU 第 25 条的规定，在 WTO 争端解决机制中，对 WTO 成员间发生的争端，如果当事方能够明确界定争议问题，则可以诉诸 DSU 第 25 条仲裁解决争端，即 DSU 第 25 条仲裁可以作为 WTO 争端解决机制普通/一般程序的替代手段。

在 GATT 谈判期间，美国作为谈判代表建议将“约束性仲裁”作为争端解决手段写入 DSU 第 25 条。① 将 DSU 第 25 条仲裁作为一种替代性争端解决手段，其本质与专家组和上诉机构相同。在司法实践中，DSU 第 25 条仲裁自 WTO 成立以来第一次也是唯一一次在“欧共体诉美国版权法第 110（5）节案”② 中得以成功适用。

2. DSU 第 25 条仲裁适用“三要素”

① WTO. Improved Dispute Settlement: Elements for Consideration: Discussion Paper Prepared by United States Delegation, MTN.GNG/NG13/W/6, January 1987.

② WTO. United States-Section 110(5) of the US Copyright Act,Recourse to Arbitration under Article 25 of the DSU, Award of the Arbitrator, WT/DS160/ARB25/1, 9 November 2001.

（1）仲裁的目的是快速解决争端

DSU 第 3 条规定，WTO 争端解决机制的目的是快速有效地解决涉诉争议，保持贸易当事方的平衡和多边贸易体制的可靠性。

（2）仲裁在 WTO 框架内进行，不得越限

DSU 第 25 条仲裁是在 WTO 框架内设立的争端解决程序，其只能在 WTO 框架内用来解决成员方间的确定争端，不得超越权限，这也正是 WTO 上诉仲裁机制合法性的原因之一。

（3）仲裁适用于范围明确的争端

基于仲裁程序本身的当事方意思自治原则，仲裁协议是启动 DSU 第 25 条仲裁的重要依据。争端方需要在仲裁协议（“特别协定”）[①] 中明确约定仲裁事项，即只有当事方“明确界定”的“某些”争端才能提交仲裁解决。

（三）设立 WTO 上诉仲裁机制的可行性

1. DSU 第 25 条仲裁与专家组和上诉机构程序相似

DSU 第 25 条仲裁与专家组和上诉机构程序一样，均适用包括 DSU 在内的 WTO 规则的实体法和程序法；仲裁裁决未经 DSB 会议通过即可对当事方产生自动约束力，但仲裁裁决需通报 DSB，以便其他成员可以对仲裁裁决进行监督；有关执行专家组和上诉机构裁决的 DSU 第 21 条、第 22 条规定均可适用于仲裁裁决，对仲裁裁决的有效执行予以保障。

DSU 第 25 条仲裁在 WTO 成员间已具有谈判的共识基础，且作为 WTO 争端解决机制普通/一般程序的“替代手段”，与专家组和上诉机构程序不存在制度冲突。同时，DSU 第 25 条仲裁的程序能够共享上诉机构秘书处所提供的专业服务，更有利于裁决的作出和执行。

由此可见，在上诉机构“停摆”期间，将 DSU 第 25 条仲裁作为一种替代做法来解决 WTO 贸易争端是较为明智务实的选择。[②]

2. DSU 第 25 条仲裁变通处理为 WTO“上诉仲裁”机制

WTO 成员在处理贸易争端时，可以选择适用 DSU 第 25 条仲裁的程序，也可以选择先启动专家组程序，在提起上诉审阶段适用 DSU 第 25 条仲裁。第二种做法与现行体制相似，用 DSU 第 25 条仲裁替代上诉程序，即将 DSU 第 25 条仲裁作为上诉程序的临时性替代手段，可称之为“上诉仲裁”或“仲裁式上诉”。[③]

第二种做法事实上将 DSU 第 25 条仲裁作为一种“替代性上诉程序”，为专家组程序提供上诉机会，发挥上诉职能。DSU 第 25 条仲裁具有变通性，通过复刻上诉程序的核心要素，在短时间内使其替代上诉程序完全可以执行。

DSU 第 25 条仲裁替代上诉机构的解决方案在技术上和法律上均具有可行性，对于化解当前的上诉机构“停摆”危机具有明显的实用性。只要提起上诉的争端各方协商一致达成仲裁协议，就可以即时启动上诉仲裁程序，使其发挥上诉程序的功能。

---

① 特别协定（Compromis Agreement）是指争端当事方之间签订的临时协定，将已产生的争端提交仲裁。

② Jens H Pohl. Blue print for a Plurilateral WTO Arbitration Agreement under Article 25 of the Dispute Settlement Understanding//Denise Prevost, et al. Restoring Trust in Trade. Hart Publishing, 2018: 145 – 146.

③ Scott Andersen, et al. Using Arbitration under Article 25 of the DSU to Ensure the Avail ability of Appeals. Centre for Trade and Economic Integration(CTEI) Working Paper, CETI – 2017 – 17, https://repository.graduateinstitute.ch//record/295745/files/CTEI – 2017 – 17 – .pdf, 2021 – 08 – 10.

（四）DSU 第 25 条仲裁案例分析

截至目前，WTO 成立以来第一个也是唯一一个诉诸 DSU 第 25 条仲裁的案件是“美国—版权法第 110（5）节案”（WT/DS160/ARB25/1，2001 年）之仲裁案。该案也是 GATT/WTO 历史上第一个适用货币补偿制度的案件，因此意义重大且独特。

1. 案件简介

该案是 1999 年至 2000 年“美国—版权法第 110（5）节案”的延续。原案件 WTO 专家组裁定美国《1976 年版权法》第 110（5）节之“家庭例外”符合 WTO 协定的要求，而“商业例外”规定违反了 TRIPS 第 9.1 条和《伯尔尼公约》第 11 条的有关规定。DSB 支持了欧共体的主张，建议美国撤销其《1976 年版权法》第 110（5）节的规定，使其与 TRIPS 相一致。

2002 年 1 月，由于美国未能在合理期限内执行 DSB 建议和裁决，随着争端的不断升温，双方在积极磋商的努力下，美国同意在《1976 年版权法》修订前寻求其他途径来补偿欧共体的著作权者和表演者的经济损失。

该案的一个特殊之处在于，在合理执行期限届满前，美国已预知其将不能执行 WTO 裁决，美国和欧共体于 2001 年 7 月 23 日协商一致愿意共同向 DSB 申请通过 DSU 第 25 条的仲裁程序来确定因美国违反 WTO 协定而给欧共体造成的利益丧失或减损的水平，即双方通过提前向 DSB 申请依据 DSU 第 25 条规定的特别仲裁程序对“损害水平”进行预先裁定，根据 DSU 第 25 条第 2 款的规定，双方另行拟订了一份仲裁协议，在 2001 年 10 月 12 日，即成立仲裁庭的 2 个月后，迅速作出了仲裁裁决，确定“损害水平”为 1 219 900 欧元/每年（2001 年至 2004 年），这为双方达成临时性货币补偿协议提供了便利。

2. 案件分析

（1）仲裁协议

根据 DSU 第 25 条的规定，仲裁协议作为 DSU 第 25 条仲裁的前提，将启动仲裁程序和制订程序规则的权利均授予争端各方。本案中，争端双方所订立的仲裁协议内容明晰，囊括 DSU 第 25 条规定的仲裁协议通常具备的三大核心要素：① 争端方同意将案件诉诸仲裁的合意；② 争端方确认的待仲裁事项；③ 仲裁程序规则。

（2）审理范围

仲裁庭根据仲裁协议制定了工作程序和时间表，在仲裁协议中，欧共体和美国明确约定，将报复水平作为本案的审理范围。

（3）仲裁裁决的效力和执行

根据 DSU 第 25.3 条和仲裁协议，该案仲裁裁决对争端各方具有终局效力，双方愿意接受并执行仲裁裁决。但截至目前，美国一直以国内行政当局与国会以及国内政治等的牵制为借口，未实际全面履行此 WTO 裁决。①

3. 案件总结

这一仲裁案不仅可以帮助我们理解和掌握 DSU 第 25 条仲裁的内涵，更能够为适用 DSU 第 25 条提供法律分析和实践指导。

---

① Status Report by the United States, United States-Section 110(5) of the US Copyright Act, WT/DS160/24/Add.85, 2021 – 08 – 10.

根据 DSU 第 25 条的规定，其仲裁模式为“WTO 中的任择性条款（DSU 第 25 条）+争端方的仲裁特别协定（仲裁协议）”。[①] 因此，DSU 第 25 条仲裁具有突出的灵活性和争端方意思自治的优势。

该案仲裁庭专门针对 DSU 第 25 条规定的仲裁在 WTO 争端解决机制中的地位和作用给出了解释。仲裁庭指出，DSU 第 25 条设立的本意不是确定损害水平，它本身是一种替代手段[②]。这一观点始见于 GATT 时期关于增设 GATT 仲裁的谈判提案中，该提案指出：“各缔约方希望可以增加一种争端解决方式，即仲裁，将其作为替代手段来处理某些争议。”[③] 随着 WTO 争端解决机制的建立和完善，DSU 第 25 条仲裁完全可以成为 WTO 专家组或上诉机构的替代手段，只要满足当事方合意且争端事项已明确界定的前提条件。

根据该案仲裁庭的裁决，可以发现 DSU 第 25 条仲裁是 WTO 争端解决的一种替代手段和程序，只要对案件裁决有利，案件当事方合意且审理范围明确即可。通过该案的实践，可以看出 DSU 第 25 条仲裁具有双方合意启动、当事方意思自治、迅速且机密和一裁终局等特征，尤其是其“效率价值”至上的特点符合 WTO 争端解决机制“迅速有效解决争端”的目的和宗旨。因此，该案例恰好解释了 DSU 第 25 条仲裁可以作为“上诉仲裁”的合法性和实用性。

三、WTO 上诉仲裁机制具体安排

WTO 上诉仲裁机制安排通常包括 9 个方面，即提起上诉仲裁、选任仲裁员、安排程序表、第三方介入、审查制度、法律适用、决策机制、工作程序和裁决效力，均通过上诉仲裁协议进行约定。

根据仲裁制度要求，启动仲裁的前提和条件是订立仲裁协议，因此，WTO 上诉仲裁机制的第一步是签订上诉仲裁协议，即争端各方应首先协商一致共同签订上诉仲裁协议，约定包括上诉仲裁事项、上诉仲裁庭的组成、上诉仲裁庭的审查范围及适用法律和仲裁裁决约束力等内容。

（一）双边上诉仲裁协议

欧盟和加拿大于 2019 年 7 月 25 日共同向 WTO 提交了《根据 DSU 第 25 条所提起的临时上诉仲裁》（Interim Appeal Arbitration pursuant to Article 25 of the DSU）（简称《临时上诉仲裁》）。紧接着，欧盟和挪威于 2019 年 10 月 29 日也联合公布了一份类似文件。

1. 基本内容

《临时上诉仲裁》包括六个立场声明和具体安排。立场声明首先赞扬了 WTO 争端解决机制的卓越贡献，特别强调上诉机构是 WTO 争端解决机制的核心部分；其次指出上诉机构危机的严峻性和破坏性；最后明确了 WTO 争端解决机制的根本原则，包括专家组和上诉机构双审制度以及上诉机构法官独立公正的裁决制度。双方通过协商一致自愿将争端适用 DSU 第 25 条上诉仲裁程序，仲裁员由上诉机构法官担任，仲裁程序基本参照 WTO 上诉程序。

---

① 任媛媛．WTO 争端解决机制中的仲裁制度研究．上海：复旦大学，2012．

② Decision by the Arbitrators, US-Section 110(5) of the US Copyright Act(Article 25 – US), WT/DS160/ARB25/1, 9 November 2001, para.4.24.

③ Concept, Forms and Effects of Arbitration, Note by the Secretariat, MTN. GNG/NG13/W/20, 22 February 1988, para.12.

2. 仲裁程序

仲裁程序以文件附件的形式针对个案进行程序安排，内容包括适用专家组报告、提起仲裁程序、选任仲裁员、仲裁程序和范围、裁决效力等。

（二）多方上诉仲裁协议

1. 衍生过程：声明与通报

① 2020年1月24日，17个WTO成员的贸易部长共同对外发布了一份文件，提出将独立而公正的上诉机制作为WTO争端解决机制的核心组成部分非常重要，并根据DSU第25条的规定建立了“多方临时上诉安排”（Multi-Party Interim Appeal Arrangement，MPIA）。

② 2020年3月27日，16个WTO成员的贸易部长再次联合对外发布了MPIA成立的共同声明。

③ 2020年4月30日，19个WTO成员共同作出联合通报，4个WTO成员紧随其后加入MPIA。

④ 2020年7月31日，MPIA共有23个成员（如果欧盟成员单独计算，总计50个成员方，约占WTO总成员数量的1/3）。[①]

2. 安排内容：程序与人选

MPIA 文件由三个部分组成，即正文和两个附件。正文是“多方临时上诉仲裁安排”（Multi-Party Interim Appeal Arbitration Arrangement），附件一是“议定的仲裁程序”（Agreed Procedures for Arbitration），附件二是“仲裁员库的组成”（Composition of the Pool of Arbitrators）。

（1）正文

正文中的立场声明特别强调上诉仲裁程序具有重要价值，具体安排相对细化，包含的内容比较全面。

① 一般规定。在上诉机构未恢复运行期间，参加方（participating members）将适用DSU第25条作为临时上诉仲裁程序。

② 仲裁程序。上诉仲裁程序以DSU第17条的规定为主要内容，坚持其独立公正性并确保其高效。具体程序规则见附件一。

③ 仲裁员。MPIA组建由10名仲裁员组成的专家库，选出10名仲裁员，每个仲裁庭由3名仲裁员组成。组建仲裁员库的具体方法见附件二。

2020年7月31日，包括中国、欧盟在内的MPIA参加方就仲裁员名单达成一致，顺利建立了仲裁员库，包含10名仲裁员，并联合通报给DSB。中国知名学者杨国华教授由中国政府提名并获得MPIA各参加方的认同，成功当选仲裁员，这既是个人荣誉也是大国责任的体现。

（2）附件一

仲裁程序共19项，既参照常规上诉审规则，又有所改进和创新。在程序改进创新方面，主要针对解决美国提出的问题进行了一些调整和尝试。如关于仲裁员审查的事项明确应仅限于解决争端，不必提出咨询意见，仲裁员在解释WTO涵盖协定时适当注意行使谨慎义

① 23个成员分别是澳大利亚、贝宁、巴西、加拿大、中国、智利、哥伦比亚、哥斯达黎加、厄瓜多尔、欧盟、危地马拉、中国香港、冰岛、墨西哥、黑山共和国、新西兰、尼加拉瓜、挪威、巴基斯坦、新加坡、瑞士、乌克兰、乌拉圭。

务。在时限问题方面，规定上诉仲裁裁决应于 90 日内作出，如确实需要延长，再协商决定；允许仲裁员就上诉范围提出建议；明确上诉仲裁只是参考先例，不是遵循先例。这些改进措施主要是为了提高仲裁效率，同时回应了部分批评。

（3）附件二

每个 MPIA 参加方有权推荐一名候选人，由“预选委员会”对候选人进行资格审查，最后由 MPIA 参加方确定并聘任。

（三）“多方临时上诉安排”的评价

这一临时替代安排也是 WTO 成员捍卫自由贸易体制的共同愿望，对确保 WTO 争端解决机制的有效运行，维护以规则为基础的多边贸易体制具有深远意义。

采取仲裁方式解决贸易争端，需要 WTO 成员之间事先订立仲裁协议，在实践应用过程中，具有适用上诉仲裁程序意愿的争端各方订立诸边《仲裁协定》较为便利，即以诸边协定的方式规定仲裁事项和规则以及程序、仲裁庭的组成、裁决效力与执行等事项。[①] 因此，“多方临时上诉安排”具有诸边协定的性质。

（四）WTO 上诉仲裁机制的前景

1. 各主要成员态度

对于 WTO 上诉仲裁机制的设立，欧盟是最主要的推动者，中国是重要参与者，欧盟积极联合中国、加拿大、巴西、墨西哥等成员加入 MPIA，中国不仅积极参与 MPIA 的建立，更在协调方案等方面发挥了重要作用。因此，美国将 MPIA 称为“China-EU Arrangement”。但对 MPIA 的设立，美国大使直接致函 WTO 总干事表示明确反对。

2. WTO 上诉仲裁机制的发展

（1）运作问题

从实际运作的角度来看，MPIA 替代上诉机构审理成员之间的争端还不成熟，甚至还缺少一些条件，比如经费和秘书等问题。目前比较棘手的问题是 MPIA 适用的有限性，目前有超过 2/3 的 WTO 成员并未加入 MPIA，其适用范围还有待扩大。

（2）前途未卜

WTO 上诉仲裁机制具有临时替代性，能够存续多长时间以及审理多少案件均无法确定。最终将有多少 WTO 成员方加入 MPIA，是否能够在实际应用中替代上诉机构更是难以预料。

（3）意义重大

首先，WTO 上诉仲裁机制能够发挥重要作用。在上诉机构“停摆”期间，MPIA 作为上诉机构的临时替代品解决争端方的上诉问题；如果加入 MPIA 的成员方数量占到一定比例，那么上诉机构危机给 WTO 体制所带来的危害将得到某种程度的缓解。[②]

其次，WTO 上诉仲裁机制具有示范效应。MPIA 是一种典型的里程碑式制度创新，一方面为化解 WTO 争端解决机制危机提供了一种参考模式，另一方面也为 WTO 争端解决机制改革提供了建议。

最后，WTO 上诉仲裁机制具有现实意义和历史意义，有效化解了上诉机构的危机，这

① Tetyana Payosova, et al. The Dispute Settlement Crisis in the World Trade Organizaiton: Causes and Cures, Peterson Institure for International Economics, PB 18 – 5,11 – 12 (2018).

② 根据对 WTO 网站的统计分析得知，近 10 年有 23 个 MPIA 参加方之间实际存在 8 个上诉案件，目前有 3 个案件满足专家组程序已结案，当事方有上诉意愿的条件，极有可能适用 MPIA 机制。

一伟大创举将成为国际争端解决机制发展史上的里程碑。

中国意识到上诉仲裁机制可以作为缓解 WTO 上诉机构危机的一剂良药，积极参与和支持 MPIA 的建立，与其他参加方协同合作，为应对 WTO 上诉机构危机作出了卓越贡献。①

五、WTO 上诉机构危机应对的中国策略

中国是 WTO 多边贸易体制的受益者，更是 WTO 多边贸易体制的坚定拥护者，一直对 WTO 上诉机构所面临的危机高度关注并积极应对。

中国自 2001 年 12 月 11 日正式加入 WTO 以来，在享受贸易红利的同时践行国际义务，国际贸易高增速和经济快速发展得益于 WTO。中国作为 WTO 法律体系的维护者和支持者，为捍卫多边贸易体制提出了关于 WTO 改革的基本原则和有利主张。②

面对 WTO 上诉机构危机，中国作为 WTO 的重要成员方，积极维护和加强上诉机构的独立性和权威性，以实际行动积极寻求改革方案。2018 年 11 月 26 日，中国、欧盟、加拿大及印度等 12 方联合提交了一份专门针对 WTO 争端解决机制改革，尤其是打破目前上诉机构法官遴选僵局的联合提案（以下简称《中欧加印等联合提案》）。③《中欧加印等联合提案》是中国提出的一项应对上诉机构危机的具体方案，也是“中欧 WTO 改革联合工作组”的重要成果。④

（一）加强 WTO 主要成员间的联合行动

应对 WTO 上诉机构所面临的危机，中国应加强 WTO 主要成员间的联合行动，共同寻找化解危机的有效方案和改革建议，极力维护 WTO 争端解决机制的有效运作。例如中国和欧盟之间的联合行动计划（简称“中欧联动”），截至 2018 年 12 月，中欧共举行了两次正式会议和两次非正式会议，针对 WTO 上诉机构危机解决方案等问题达成一致意见，共同推进 WTO 改革。除此之外，还积极与 WTO 发展中成员联合提出解决方案，如上述《中欧加印等联合提案》，欧盟、中国和印度三方联合提交了另一份《欧中印方案》，2019 年 2 月 15 日，中国、印度、南非和委内瑞拉联合向 WTO 提交了分析文件，即《惠及发展中成员的特殊与差别待遇对于促进发展和确保包容的持续相关性》，2019 年 5 月 13 日—14 日，中国、印度、巴西等 23 个 WTO 成员方联合发布了文件——《共同努力加强世贸组织，推动发展和包容》。

（二）推进 WTO 上诉仲裁机制的建设和实践

中国应深入研究 DSU 第 25 条仲裁等相关规则，借鉴以往司法实践的成功经验，支持和完善 WTO 上诉仲裁机制的运作和实践。中国应在 WTO 上诉仲裁机制运行过程中主动发

① 杨国华．WTO 上诉仲裁机制的建立．上海对外经贸大学学报，2020，27（6）：29－38．

② 我国于 2018 年 11 月 23 日对世贸组织改革提出三个基本原则和五点主张。三个基本原则包括：世贸组织改革应维护多边贸易体制非歧视和开放的核心价值、应保障发展中成员的发展利益以及遵循协商一致的决策机制。五点主张包括：维护多边贸易体制的主渠道地位、优先处理危及世贸组织生存的关键问题、解决规则公平并回应时代需要、保证发展中成员的特殊与差别待遇以及尊重成员各自的发展模式。参见中华人民共和国商务部：《商务部召开世贸组织改革有关问题新闻吹风会》，http://www.mofcom.gov.cn/xwfbh/20181123.shtml，2021－08－10．

③ 商务部：中国、欧盟等成员向世贸组织提交联合提案推动尽快启动上诉机构成员遴选．（2021－08－10）．http://www.mofcom.gov.cn/article/ae/ai/201811/20181102810497. shtml; WTO, General Council, http://trade.ec.europa.eu/doclib/docs/2018/november/tradoc_157514.pdf.

④ 2018 年 7 月，第 20 次中欧领导人会晤发表联合声明，决定中欧就 WTO 改革开展合作，并为此建立一个副部级联合工作组。中欧双方均坚定支持多边贸易体制，本着求同存异原则就世贸组织改革相关问题进行沟通和交流。

挥建设性和引导性作用，积极吸引更多的 WTO 成员加入 MPIA，壮大参与方的队伍，为进一步完善和发展 WTO 上诉仲裁机制提供群众基础，在仲裁解决贸易争端的系统性规则建设中发挥更多的主动权。

（三）积极提出 WTO 争端解决机制改革方案，早日化解上诉机构危机

WTO 上诉仲裁机制只是上诉机构“停摆”危机阶段的临时性替代手段，不能完全取代上诉程序，因此，当前最重要的事情还是通过 WTO 争端解决机制改革解除上诉机构危机，恢复正常的上诉程序。

针对目前上诉机构存在的一些问题，中国联合其他 WTO 成员共同提出了一些解决方案。

1. 上诉机构报告的“先例”地位

中国建议 WTO 成员与上诉机构开展深入交流，WTO 成员可充分表达对上诉机构审理案件的具体做法、制度性安排等方面的意见。这种沟通方式具有创新性，并不是通过监督或控制上诉机构而影响其独立裁判，只是提醒上诉机构让其未来更加严谨地审案，同时这种沟通机制需要受到透明度规则的约束，以避免 WTO 成员对上诉机构造成不必要的压力和影响。①

2. 上诉机构对事实问题的审查

中国建议进一步明确上诉机构的职权范围，即有权审查专家组报告中包含的法律问题及其所做的法律解释的含义。因此，建议对 DSU 相关条款进行修改：规定上诉机构仅有权对提交的问题或事项进行客观评估，并且由 WTO 成员来明确客观评估和审查的具体内容；明确禁止上诉机构审查类似 WTO 成员国内法等事实问题。②

3. 禁止对争端解决不必要的问题发表咨询性意见或附带意见

中国建议应对 DSU 第 17 条第 2 款的规定进行修改，明确上诉机构的职责范围仅限于解决贸易争端所必需的法律问题。可以针对上诉机构适用强制性司法节制，严厉禁止附带意见、咨询性意见等出现在上诉机构报告中。这种做法一方面可以杜绝上诉机构出现“附带判决”等方面的问题，另一方面也间接有助于案件审理符合审限要求。

4. “超期服役”问题

这个问题是比较容易解决的，只要修改 DSU 的相关规定，明确由 DSB 审议决定上诉机构成员审理案件的“过渡期规则”，限制受理案件情况，避免因“超期服役”带来不必要的麻烦。

5. 审理时限问题

中国建议修改 DSU 规定的 90 天的上诉机构审理最长时限，如果争端当事方同意，报告可以超过 90 天完成，如增加到 120 天，有利于上诉机构从容审案。如果报告预计将超过审限，上诉机构可以提前与争端方磋商。如果各争端方不能就超期问题达成一致，则考虑采取其他措施更改上诉程序，确保上诉案件能够在审限内结案，如提出方案允许争端方自

---

① WTO. Communication from the European Union, China, Canada, India, Norway, New Zealand, Switzerland, Australia, Republic of Korea, Iceland, Singapore, Mexico, Costa Rica and Montenegro to the General Council. WT/GC/W/752/Rev.2, 2021－08－10.

② 关于完成法律分析，一般是指在某些上诉案件中，当上诉机构推翻专家组的某项法律认定后，因缺乏将案件发回重审的权力，根据专家组报告中的事实认定继续完成相关的法律分析。Alan Yanovich, Tania Voon. Completing the Analysis in WTO Appeals: The Practice and Limitations. Journal of the International Economic Law, 2006(9): 934－936.

愿缩减争议问题、限制争端方书面陈述字数、规定上诉机构报告页数以及增加上诉机构成员和上诉机构秘书处工作人员等，甚至运用“强制性司法节制”等措施来满足规定的审限要求。

六、结语

中国经历了 40 多年的改革开放的历程，加入世贸组织亦已 20 多年，在当前逆全球化的大背景下，中国亟须全方位统筹国际国内两个大局。[①] 以促进贸易和投资自由化为宗旨，建立在法律规则基础之上、具有稳定性和可预见性的国际法治是中国在推进形成全面改革开放新格局进程中的必然选择，也是中国作为负责任的大国应尽的国际义务和肩负的重大责任。

上诉机构的危机及变革更广泛地涉及对 WTO 现有规则的修改或完善从而形成新的贸易规则。在当前国际形势下，WTO 改革面临的挑战和机遇都是前所未有的，但机遇大于挑战，最终能否把握时机，战胜挑战，关键在于是否坚持国际法治的原则和宗旨。

这场危机的化解需要智慧和机遇，中国应立足更全面的视野来积极寻求化解上诉机构危机的方案，同时深入思考在逆全球化背景下的综合应对。中国应把握时机并及时调整策略，采取更加积极主动的开放举措推动 WTO 多边谈判和必要改革，提振各方对多边贸易体制乃至经济全球化的信心和决心，与 WTO 各方成员共同努力维护 WTO 的权威。在维护 WTO 基本宗旨和基本原则的基础上，结合自身定位和现实需求，不断增强多边贸易体制的包容性和代表性，适时提出关于 WTO 改革的中国方案，提升中国参与全球治理和国际法治的话语权，用中国的经验和智慧促进国际法治和全球经济的发展。

① 刘敬东．全面开放新格局的国际法治内涵与路径．经贸法律评论，2019（1）：69－85，132．

WTO安全例外条款滥用对国际贸易的影响和对策研究

师 华 王 晶

内容提要： 安全例外条款是多边贸易体系中平衡安全利益和自由贸易的产物。由于安全例外条款措辞的模糊性和保护利益的主权性，某些国家存在滥用安全例外的可能。DS 512案中，WTO争端解决机构首次对GATT第21条的适用发表了专家组报告。报告明确了两点问题：第一，WTO争端解决机构对安全例外条款具有审查权；第二，成员对安全例外条款具有有限的自决权。当前，安全例外条款主要存在两个方面的适用问题，即对国家行使安全例外条款自决权缺乏有效的约束和传统安全例外规则无法应对新型安全威胁的挑战。而导致这两个问题产生的主要原因是基本安全利益概念的政治性，以及不同时代背景下国际安全形势的变化。作为被频繁以国家安全为由施加贸易限制措施的国家，中国应积极推动安全例外条款的改革，并通过多方途径规制安全例外条款的滥用。

关键词： 安全例外条款滥用；基本安全利益；自决权；非传统安全问题

一、安全例外条款研究的必要性

安全例外条款是多边贸易体系中用于平衡基本安全利益和贸易自由化的工具。不同于一般例外条款，安全例外条款所涉及保护的利益属于一国主权的根本核心利益，具有政治领域上的重要性和敏感性。在世界贸易组织（WTO）法律体系中，拥有贸易和政治双重属性的安全例外条款因其较为宽松的援引条件，相比于一般例外条款而言享有更大的“免责自由”，但这种自由不是绝对且无限制的。近年来，某些国家出于贸易保护目的或实现经济政策目标的需求，滥用安全例外条款以正当化其贸易限制措施的行为不仅极大地影响了国际自由贸易的发展，也极大地破坏了WTO法律体系的稳定性。与以往克制和避免的态度不同，现今越来越多的国家愿意援引安全例外条款作为其行为或措施合理的依据或抗辩事由，恣意适用和扩大适用安全例外条款已然成为一种国际趋势。因此，如何规范安全例外条款的适用，应对安全例外条款问题给自由贸易发展带来的挑战，需要我们对安全例外条款本身和适用实践进行深入研究。

【作者简介】师华，同济大学法学院教授、博士生导师，研究方向为国际经济法、WTO法学理论，电子邮箱：tjshihua @aliyun.com；王晶，同济大学法学院国际法专业研究生，电子邮箱：2131805@tongji.edu.cn。

（一）安全例外条款与一般例外条款的区别

安全例外条款是 WTO 法律体系中的一项“免责条款”，它允许国家出于维护军事安全、国防安全等基本安全利益的需要，而采取贸易措施免除其 WTO 项下相关协定义务。虽然安全例外条款中详细列举的适用情形少于一般例外条款的规定，但其所能采取的措施范围更广，更具有灵活性。

安全例外条款和一般例外条款在特征上存在两大区别：第一，两者维护的利益本质不同。一般例外条款赋予了成员方在特定情形下违背 WTO 规则行事的权利。这些特定情形主要包括公共道德、生命健康等涉及社会公共利益的事项。而安全例外条款赋予了成员方基于保护国家安全的需要违反 WTO 规则的权利。国家安全利益属于一国的主权事项，是一国的根本核心利益。国家安全利益相较于社会公共利益，具有高度的政治敏感性，更应被谨慎地审查和对待，避免干涉国家主权。第二，两者援引适用的方式不同。一般例外条款使用了“不……构成任意或不合理歧视”以及“所必需的”等措辞严格限定其措施适用的范围，条款的适用具有较强的客观审查性。而安全例外条款并无一般例外条款前述的措施限定词，还使用了“其认为必要”这类具有主观判断色彩的模糊用词，条款的适用具有强烈的国家自我判断的价值导向。因此，不同于一般例外条款的稳定性和可预测性，安全例外条款因其保护利益的特殊性以及条款规定的模糊性和自决性，在实践运用中具有较大的争议性，各国应以客观的态度谨慎审视之。

（二）安全例外条款的实践乱象

随着单边主义、保护主义的回归，国家安全利益和自由贸易发展的矛盾日益加剧。以美国为首的西方发达国家，开始频繁地援用安全例外条款对其他国家采取单边贸易措施，限制他国在其国内市场的贸易竞争。但安全例外条款制定的初衷是实现国家安全保护和贸易自由化的“双层平衡”，即：一方面，利用安全例外条款来平衡自由贸易发展中对国家的消极影响；另一方面，利用基本安全利益来平衡安全例外条款的滥用情形。而国家滥用安全例外条款的行为显然已使该条款失衡，倒向国家安全过度保护一端。这种现象的发生并非偶然，而是有迹可循的。由于国家安全涉及一国自卫权的特殊性，在设置条款之初，为了尽可能避免对于他国内政的干涉，安全例外条款并没有制定明确清晰的适用条件和审查标准，而是通过模糊的条款用语给予成员较大的适用空间和灵活度。随着保护主义、国家利益至上价值观的兴起，这种条款概念的模糊性和适用的自决性难以避免地为滥用安全例外条款提供了实践的可能。

目前，援用安全例外条款的情形主要可分为三种：第一种为国内产业保护型。为保护本国弱势产业，将产业安全与国家安全相挂钩，以国家安全受到威胁为由拒绝进口产品，就此提高本国产品的国内竞争力。① 这种情形的典型代表是美国的 232 调查。② 2018 年，美国针对钢铁和铝产品启动 232 调查，并最终决定对钢铁和铝产品分别加征 25%和 10%的关税。③ 在针对钢铁和铝产品加征关税的公告中，美国政府称其采取关税措施的政策目标之一是“将钢铝的进口量减少到商务部评估的水平，使国内钢铁（和铝）生产商对现有国

---

① 梁咏. 论国际贸易体制中的安全例外再平衡. 法学，2020（2）：142－155.

② 232 调查，是指美国商务部根据《1962 年贸易扩展法》的授权，对特定产品进口是否威胁美国国家安全进行立案调查，并向总统提交报告，由总统决定是否采取最终措施。

③ 彭岳. 中美贸易战中的安全例外问题. 武汉大学学报（哲学社会科学版），2019（1）：154－167.

内生产能力的利用率达到 80%，以增加产量的方式保证产业的长期发展”。① 显然，美国启动对钢铁和铝产品的 232 调查并最终决定加征关税的实质目的并非是其所宣称的出于国家安全利益的考量，而是为了提高国内生产商在国内钢铁和铝产业市场中的占比，缓解他国钢铁和铝产品大量流入美国市场的不利影响，保护国内生产商在钢铁和铝产业中的生产力和竞争力。第二种为规避产业链风险型。为控制产品供应链风险，在部分重要产业链和供应链的关键环节禁止使用外国或特定国家的产品和服务。2019 年，美国在其国防授权法中禁止使用政府资金采购华为、中兴、海康威视、大华和海能达 5 家中国企业的电信产品，避免关键产业链受制于他国。中国则在网络产品或服务、信息基础设施等产业中实行“自主可控”政策，欲实现核心技术和关键软件等的全部国产化，不受制于他国。② 第三种为防范未知风险型。这种情形是指将未知的安全风险封杀在摇篮中，具体而言，由于科学技术的快速发展和国家间创新水平的参差不齐，一国对于可能涉及国家安全的新领域会采取较为保守审慎的监管态度。2017 年，中国实行《网络安全法》等配套制度，对于个人信息和重要数据出境这类新型安全威胁提出严格的要求，加强对信息安全、网络安全的监管。

第一种援用情形是现今最典型的滥用安全例外条款的情形。这种以追求国内贸易利益为目的而采取的单边限制措施显然违反了 WTO 贸易规则，且不属于安全例外条款的可适用范围。同时，国家经济安全也不属于安全例外条款保护的基本安全利益范畴。这种明显不合理的援用情形却被某些国家频繁地用作其行为正当化的依据，以国家安全为由采取单边限制措施，实现国内产业保护的目的。频发的滥用安全例外条款的国家实践已严重地破坏了贸易自由化的国际价值取向，并对 WTO 法律体系的稳定与发展构成了巨大威胁。因此，为解决安全例外条款滥用的问题，首先应明确安全例外条款本身存在的问题，进而明确实践中滥用问题的根源所在。

二、安全例外条款在当前 WTO 法律实践中的阐释

在 WTO 法律规则体系中，与国家安全例外相关的条款有《关税与贸易总协定》(GATT）第 21 条、《服务贸易总协定》(GATS）第 14 条之二、《与贸易有关的知识产权协定》(TRIPS）第 73 条以及《技术性贸易壁垒协定》（TBT）第 2.2 条、《政府采购协定》（GPA）第 23.1 条等。③ 其中，GATT 第 21 条的产生时间最早，其他多边协定中关于安全例外条款的规定都是在 GATT 第 21 条的基础上延伸而来的，在条款内容上并无大的区别，故本文将以 GATT 第 21 条为切入点，分析解读安全例外条款在当前 WTO 法律实践中的运用。

GATT 时期，涉及第 21 条的案件共有 7 起，仅有 3 起最终被提交至专家组，但专家组均未对安全例外条款进行审查。WTO 时期，随着贸易保护主义的复兴，涉及安全例外的案件被频繁地提交至 WTO 争端解决机构。2019 年 4 月 5 日，WTO 争端解决机构发布了“俄罗斯—乌克兰禁运措施案”（DS 512 案）的专家组报告。④ 该份专家组报告是 WTO 自建立以来首次发表对安全例外条款的具体解读，内容主要涉及条款审查权、基本安全利益概念、

---

① 张丽娟，郭若楠. 国际贸易规则中的“国家安全例外”条款探析. 国际论坛，2020（3）：66－79，157－158.

② 梁咏. 论国际贸易体制中的安全例外再平衡. 法学，2020（2）：142－155.

③ 安佰生. WTO 安全例外条款分析. 国际贸易问题，2013（3）：125－131.

④ DS 512 案（dispute settlement 512），是指从 2016 年起俄罗斯根据其国内法案对乌克兰通过公路和铁路从其本国运往哈萨克斯坦或吉尔吉斯斯坦的过境货物采取运输限制措施。2016 年 9 月 14 日，乌克兰就俄罗斯对其实施的运输限制措施以及俄罗斯相关国内法案向 WTO 提出申诉。

条款适用自决性等问题，对于规范和限制国家援引安全例外条款、明确争端解决机构和成员方就安全例外条款的权限划分具有重要的指导意义。

（一）WTO 争端解决机构具有审查权

在 DS 512 案专家组报告发布之前，对于 WTO 争端解决机构能否对涉及 GATT 第 21 条的案件进行审查存在很大争议。在 GATT 时期，涉及 GATT 第 21 条的案件中的援引方都明确表示安全例外条款不具有可审查性，理由大致可分为三个方面：第一，基于主权排他性的特点，援引方强调成员方对其国家安全问题的判断具有唯一性。第二，援引方认为安全例外条款指向的国家安全保护权是成员方固有的一项权利，应交由成员方自行判断并行使。第三，援引方认为成员方具有为保护其自身基本安全利益所必需的采取行动的权力。① 同时，援引方指出，由于国家安全属于国家主权事项，是一国的政治问题，作为贸易组织的 GATT 不应涉足事关成员方政治和安全的纠纷，以免影响其贸易组织的权威性。总结而言，安全例外条款在 GATT 时期具有绝对的自主裁决性，因国家安全事项排他性、自主性和政治性的特征不受任何的审查和挑战。

进入 WTO 时代后，WTO 争端解决机制大大改进了 GATT 争端解决机制，增强了其解决成员间贸易争端的能力。但在 DS 512 案专家组报告作出之前，关于 GATT 第 21 条是否具有可审查性仍具有较大争议。因此，DS 512 案专家组报告的发表对于这个久而不决争议的解决具有重大意义，报告从 WTO 争端解决机构的角度作出了权威性的回应，明确了 GATT 第 21 条具有可审查性的立场。报告主要从三个角度阐释了 WTO 争端解决机构对安全例外条款具有审查权。

首先，从条款本身来看，GATT 第 21 条使用的措辞具有客观可审查性。第 21 条 b 款（i）项和（ii）项中使用的“relate to”要求采取的措施和目标之间应建立“目的和手段的密切和真实关系”。而这种关系的认定具有客观标准。另外，第 21 条 b 款（iii）项中使用的“taken in time of”要求采取的措施与国际关系中的战争或其他紧急事件之间的联系应具有时间上的一致性。② 这种时间上的同步具有较强的客观评判性，不受主观影响。因此，从条款本身使用的措辞来看，安全例外条款存在客观标准，具有可审查性。

其次，从条款的目的解释来看，若 WTO 争端解决机构对 GATT 第 21 条不具有审查权，则第 21 条将会成为 GATT 中的一条“霸王条款”。任何成员方都可援引该条款作为其违背 WTO 项下义务的抗辩事由而不受约束。当发生滥用条款的情形时，被采取措施方却没有任何 WTO 规则内的救济途径来维护自身权利，以弥补受到损害的贸易利益。这种权利和义务不对等的国际贸易关系显然违背了 WTO 的宗旨和 GATT 的目标，即促进互惠互利贸易规则的安全性和可预测性，并实质大幅降低关税和其他贸易壁垒。③ 因此，从条款本身的目的解释来看，若第 21 条不具有可审查性，则会损害 WTO 的宗旨和 GATT 的目标，不利于以规则为核心的 WTO 多边贸易体系的发展。

最后，从 WTO 争端解决机构管辖权的角度来看，《关于争端解决规则与程序的谅解》（DSU）第 1.1 条和附录 1 都正面规定了 WTO 争端解决机构可审查的事项范围，其中就有包括 GATT 在内的多边贸易协定，而 GATT 第 21 条作为 GATT 的一部分，理应受 WTO 争

① 李伟．WTO“俄罗斯—乌克兰禁运措施案”：安全例外条款问题之分析．海关与经贸研究，2019（5）：111－124.

② 李伟．WTO“俄罗斯—乌克兰禁运措施案”：安全例外条款问题之分析．海关与经贸研究，2019（5）：111－124.

③ 张乃根．国际经贸条约的安全例外条款及其解释问题．法治研究，2021（1）：128－138.

端解决机构的管辖。同时，DSU 附录 2 规定的不适用争端解决程序的协定和条款中不包含 GATT 第 21 条。因此，从 WTO 争端解决机构管辖权的角度来看，DSU 明确规定了适用范围包含 GATT 第 21 条，且无排除 GATT 第 21 条管辖权的规定。因此，各成员不应因基本安全利益的主权排他性便自由心证排除 WTO 争端解决机构对安全例外条款的审查权，认为其不具有可审查性。

综上所述，WTO 争端解决机构对于涉及安全例外条款的贸易纠纷案件是享有审查权的。

（二）成员方享有有限自决权

安全例外条款事关国家安全问题，而国家安全问题属于国家的主权事项。基于国家主权原则，各成员方自然享有对其基本安全利益的自主裁判权，且 GATT 第 21 条中“其认为必要”的表述也反映出成员方在援引该条款时具有自我判断的权利。成员方对于安全例外条款享有自我判断权诚然是毋庸置疑的事实，但对于该项自决权的行使范围和程度大小却存在巨大争议。同样，DS 512 案的专家组报告也为成员方享有自决权范围的确定提供了参考意见。专家组报告认为，成员方对于安全例外条款享有有限的自决权，而非绝对的自决权。成员方就安全例外条款行使自决权时应受到行使范围和程度上的限制，以避免其滥用安全例外条款或不合理地扩张适用安全例外条款的行为对其他成员方造成贸易损失。

关于成员方行使自决权范围的限制，成员方在援引安全例外条款时一般应满足三个条件，即是否满足条款规定的适用情形、是否为了保护基本安全利益、采取的措施是否必要。对此，DS 512 案的专家组报告指出，成员方对于需要保护的基本安全利益和采取措施具有必要性享有自我判断的权利，而对于是否满足安全例外条款规定的适用情形不具有自决性。因为 GATT 第 21 条所要保护的基本安全利益属于国家生存的核心根本利益，国家固然享有一种自我判断其基本安全事项的权利，且一国应有权利决定保护其安全所必要的措施，这充分体现了国际法上的“自我保全”原则。而对于条款规定的适用情形，正如上文分析，条款所列举的具体适用情形均是可供审查的客观事实，WTO 争端解决机构对此享有审查权，不应全权交由成员方自身认定。

关于成员方行使自决权程度上的限制，主要是针对成员方在“基本安全利益”和“措施必要性”自行认定范围上的限制。首先，对于界定“基本安全利益”的范围，DS 512 案的专家组报告认为，成员可以基于自身国情和利益需求判断其基本安全利益。但需要明确的是，基本安全利益不等同于安全利益，基本安全利益的认定标准应高于安全利益的认定标准。通过对 GATT 第 21 条列举的具体适用情形进行分析，可认为基本安全利益一般应理解为与国家基本职能相关的安全利益，即保护公民和领土不受外部威胁、维护国内法律和公共秩序稳定等。[①] 同时，还可通过反向排除的方法将部分利益明确排除出基本安全利益范畴，如经济利益，因为 WTO 多边贸易体系的核心运行机制是发挥各国的比较优势，以实现资源在各国间配置效益的最大化，而对于由此形成的国家经济问题，WTO 规则体系内已有贸易保障措施予以充分的国家救济，故不应再将安全例外扩张适用于经济安全领域，扩大对国家经济利益的保护。其次，对于“措施必要性”的认定，专家组报告认为援引方应对其欲保护的基本安全利益与决定采取的贸易限制措施之间的必要性承担最低限度的举

① 赵迪. 国家安全例外条款的审查问题研究——以 GATT 1994 第 21 条为例. 对外经贸，2020（8）：85－89.

证责任，即采取的贸易限制措施对于保护基本安全利益应具有最低限度的表面合理关联。[①] 但在具体实践中，安全例外条款中“措施必要性”的判断无须满足一般例外条款中“必需性测试”的审查标准，无须通过权衡不同要素来确定措施的必需性，如争议措施对实现目标的作用、是否存在合理可行的替代措施等。最后，成员方行使自决权判断“基本安全利益”和“措施必要性”时，应遵循国际法上的“善意原则”，不得利用安全例外条款规避其在 WTO 多边协定项下本应承担的义务，不得随意将任何利益纳入基本安全利益中，不得为追求贸易利益恣意援引安全例外条款而采取单边限制措施。

综上所述，成员方对安全例外条款享有有限的自决权，在行使自决权的范围和程度上都应受到一定的限制。

三、国际贸易实践中安全例外条款适用存在的问题及原因分析

（一）安全例外条款适用存在的问题

随着多边主义式微、单边主义兴起，国家对于自身贸易或经济利益的追求已远超对国际合作共同发展的意愿。而安全例外条款显然成为以规则为核心的多边贸易体系中各成员方用于“豁免”自身 WTO 协定项下义务的利器。各成员方对于安全例外条款的适用也逐渐呈现出与条款制定初衷不同的走向。结合对 GATT 第 21 条本身的解读，可以发现当前 WTO 法律实践中安全例外条款的适用主要存在以下两个问题。

1. 成员方自裁权的弱约束性

DS 512 案中明确了成员方对于安全例外条款享有有限的自裁权，成员方行使自裁权时应受“善意原则”的约束。然而，“善意原则”本身即是一种主观判断的产物，具有很强的自我评判色彩，不能被客观地予以审查，难以实现真正意义上限制条款适用的作用。同时，对于成员方自裁权的弱约束性还体现为“基本安全利益”概念的模糊性和“措施必要性”审查的缺位。

对于“基本安全利益”概念的模糊性，虽然专家组报告对基本安全利益的界定范围进行了一定程度的限制，将其限定为与实现政府最基本职能相关的国家利益，但对于“基本安全利益”的概念界定却没有统一的标准和条件，而是将界定基本安全利益的权利赋予了各成员方，承认各方可基于自身国情和利益需要认定应受保护的基本安全利益。因此，“基本安全利益”定义的不确定性导致了成员方在援引安全例外条款时，对基本安全利益的认定仍具有较大的解释空间，容易导致对安全例外条款的恣意适用。

对于“措施必要性”审查的缺位，DS 512 案的专家组报告简单地阐述了援引安全例外条款的成员方，应对其决定保护的安全利益与采取措施间的必要性承担举证责任。但对于该必要性的约束仅以最低限度的表面合理性为标准，而对于如何满足最低限度的表面合理性的举证责任却没有明确说明，致使 WTO 争端解决机构对于“措施必要性”的审查实则处于空白的状态，增加了成员方滥用安全例外条款的风险。

2. 非传统安全问题的扩张适用

近年来，越来越多的成员方将安全例外条款扩张适用于非传统安全领域，以寻求对非传统安全事项的例外保护。如美国将产业安全等同于国家安全，启动了对钢铁、铝产品和

① 徐程锦．WTO 安全例外法律解释、影响与规则改革评析——对“乌克兰诉俄罗斯与转运有关的措施”（DS 512）案专家组报告的解读．信息安全与通信保密，2019（7）：43－44.

汽车及其零部件的 232 调查，并最终决定对相关进口产品来源方实施加征关税的贸易制裁；又如，美国、澳大利亚、新西兰政府将网络安全与国家安全相关联，以国家安全保护为由出台政策或法案，阻拦或禁止国内相关部门或企业采购华为公司的设备及产品，或将华为从相关设备及产品的供应商中排除。非传统安全在基本安全利益界定中的不明确性加剧了国家援用安全例外的不确定性和不规范性。

国家安全可分为传统安全和非传统安全，传统安全主要是指以军事安全和国防安全为核心的国家安全，而除此之外对于主权国家和人类整体的生存发展构成威胁的因素统称为非传统安全。① 非传统安全与传统安全之间并无绝对的区分界限，当非传统安全问题无法调和时，很可能会发展成为传统安全问题，如网络安全、信息安全等安全风险在无法得到合理解决的情况下极有可能转变为传统国家安全，即与国家基本安全利益相关的安全事项。诚然，非传统安全问题已在国家安全领域占据着越来越重要的位置，但这不代表可将所有非传统安全都划定为需受额外保护的基本安全利益。若对非传统安全不加区分地施加保护，则会在无形中扩大安全例外条款本就宽泛的适用范围，提高成员方滥用安全例外条款的风险。在 DS 512 案中，因案件未涉及非传统安全的问题，故专家组报告并未对其发表意见，同时通过安全例外条款本身又无法解读出对于非传统安全事项限制适用的处理方式。因此，非传统安全事项在安全例外条款中尚未有合理的适用指引。

（二）安全例外条款滥用问题背后的原因探析

结合上文分析，当前国际贸易体系中安全例外条款滥用问题主要可从两方面解读：成员方自裁权的弱约束性和非传统安全问题的扩张适用。为解决这两个问题，应明确问题背后存在的原因，寻找应对方法。

限制安全例外条款适用的核心在于对国家安全概念的理解。由于国家安全具有特殊的利益价值取向，导致在条款内容设置和具体实践中难以对国家安全给予明确具体的限制性定义。

1. 国家安全概念的政治性

安全例外条款一直难以得到规范适用的主要原因之一在于国家安全概念的政治性。国家安全属于高度敏感的政治议题，涉及一国生存和稳定发展的根本，具有强烈的国家主观判断色彩。各成员方均有权基于自身生存和发展需要对本方的基本安全利益进行专属定义，而这项权利的行使是不受他国干预的。同时，基于对国家主权的尊重和不干涉他国内政的思想，也应当允许国家根据实际情形对自身受到的内部和外部威胁进行自主判断。然而，这种判断具有极强的主观性，难以对其进行客观审查，很容易被国家泛化进而滥用。基于国家主权独立性原则以及各国的不同国情，国家安全概念难以在国际社会形成明确具体的共识，这导致国家安全概念必然具有多元性和复杂性的特征。因此，国家安全概念的政治性特征直接决定了该条款在适用中存在不确定和难预测的问题。

2. 国际安全形势的变化

当前 WTO 法律体系中的安全例外条款源于 GATT 1947。该协定是第二次世界大战后各国为建立国际贸易组织而制定的。虽然国际贸易组织最终未能成功创立，但 GATT 1947 却成功诞生了。当时，基于第二次世界大战结束后恢复国家社会秩序的需求，各国关注的基本安全利益主要是国防安全、军事安全等传统国家安全，其中包括外国敌对势力的入侵

① 谭观福. WTO 国家安全例外视角下的网络安全. 中国高校社会科学，2018（2）：63－74，159.

或刺探情报，外国军队侵犯一国的领土安全以及外国利用他国的宗教或民族矛盾来支持反政府武装。[①] 但随着冷战结束，和平与发展成为国际社会中国家间关系构建的主流趋势，武装冲突已不再是威胁国家安全的主要因素。同时，随着网络技术的快速发展，世界进入互联网时代，各国在金融、能源、信息、环境等领域的冲突逐渐显现。棱镜门、“震网”病毒攻击等事件的发生，让各国意识到对于国家安全的威胁已不再局限于军事武装手段，而是可以通过其他的方式构成对国家安全的挑战，故而当前的国家安全概念已不仅局限于传统安全事项，应随着时代的发展和国家需求的变化进行相应的更新。这些非传统安全在国家安全中占据的位置不断被强化，且相比于武装冲突，这些非传统安全带给国家安全的挑战更具有隐蔽性，并不是直接暴露矛盾点，而是通过潜移默化的形式对国家安全造成不可估量的潜在安全风险。一般来说，这类新型安全风险无法立即呈现出对国家安全极具紧迫性的威胁，但若毫不在意其可能的潜在危险，那么一旦显露将会造成不可逆转的国家安全危机。

因此，国家安全是一个处于动态变化的概念。不同于冷战时期国家间相对割裂的国际局势，进入 21 世纪以来，经济全球化的发展使国家间的交往愈发密切，各国在经济、文化、科技、教育等领域都存在紧密的联系。故基于社会形势变化和国家间关系发展的需要，应对传统国家安全概念进行实时更新，若传统安全例外规则不能及时适应国家安全概念的动态变化，将会导致部分本应受保护的新型国家基本安全利益无法得到应有的保护，进而违背安全例外条款保护国家安全的初衷。但同时需要注意的是，对于动态变化的国家安全概念，若不能明确新型国家基本安全利益的认定标准，而放任国家肆意定义，那么国家安全概念的动态性必将导致各国任意适用、肆意滥用安全例外条款的局面。

四、对安全例外条款改革的中国立场和建议

作为频繁以国家安全为由被采取贸易限制措施的国家，中国深知推动安全例外条款改革的必要性。实践中，某些国家滥用安全例外条款对中国的产品或技术服务采取单边限制措施，如不正当地对中国产品加征关税、限制中国企业参与他国市场、将中国企业列入制裁黑名单等。这些措施极大地损害了中国的贸易利益，削减了中国产品或服务在国际市场上的竞争力，阻碍了中国产品或服务的出口拓展。从钢铝产品到 5G 技术，再到高科技的信息产品，美国等国借助安全例外条款对中国采取贸易限制措施、实行经济制裁的做法，已严重影响到了中国产品和企业向外走的步伐。因此，为了维护自身贸易利益和追求国际市场的公平竞争，中国应积极推进安全例外条款改革，制定规范合理的安全例外条款适用规则。

（一）秉持严格的条款解释态度

安全例外条款给予了成员方相较于一般例外条款更为宽松的援用条件和免责自由。于是，若成员方更注重追求自身贸易利益而非国际合作协调发展，那么安全例外条款将成为规避其 WTO 项下义务，为本国谋取更多经济优势的利器。由于国家安全事项的政治敏感性，安全例外条款在制定之初难免会有所顾虑，即使明知过于宽泛和模糊的措辞会导致滥用情形的发生，但仍给予了成员方较大的空间和自由来援引安全例外条款。因此，在条款

---

① 李艳华. WTO 安全例外条款的适用范围——以美国 232 调查为研究视角. 山西省政法管理干部学院学报，2019（3）：17－20.

制定无法过于严苛时，为避免成员方泛化条款内容，扩张条款的适用空间，审查成员方援引安全例外条款时应秉持严格的条款解释方法。在促进安全例外条款改革中，应明确对于条款中核心但又模糊的用词进行范围限定，如“基本安全利益”“国际关系紧急情况”等，以限制成员方的过度解读乃至过度适用。

（二）完善“措施必要性”的客观审查标准

安全例外条款将“措施必要性”的判断交由成员方自行认定。诚然，基于主权至上的原则，国家对于为保护自身基本安全利益而采取的措施具有固然的自主判断权，但这种自决权若毫无限制，则不可避免地会导致滥用情形的发生。因此，应明确的是，成员方对“措施必要性”享有自我判断的权利，但这种权利要受到一定客观标准的约束。对于安全例外条款中“措施必要性”的审查可参考一般例外条款中的“必需性测试”，通过多个因素来综合判断措施的必要性。结合条款内容和对制定目的的分析，可以从以下四个指标进行措施必要性的综合判断：措施拟保护的基本安全利益的重要性、措施本身的贸易限制程度、是否具备可行的其他替代措施以及采取的措施与目标实现间的关联性。[①] 综上，完善“措施必要性”的审查标准能降低成员方行使自决权的随意性，使之采取恰当合理的措施保护其国家安全。

（三）对非传统安全事项进行差异性保护

当前，国家安全的重心已从传统安全向非传统安全转移，信息安全、网络安全等非传统安全已经能够对一国的生存发展产生举足轻重的影响。为应对新型国家安全事项带来的安全挑战，需要明确区分非传统安全中应受保护的基本安全利益和一般安全利益。成员方在基于非传统安全利益而主张援用安全例外条款时，应承担证明非传统安全为国家基本安全利益的举证责任。摩根索曾将国家利益分为领土完整、国家主权和文化完整，其中最本质的问题是国家的生存问题。[②] 传统安全毋庸置疑是国家的基本安全利益，其所包含的军事安全和国防安全与国家的生死存亡及主权完整息息相关，借由这一特征，可以推导出当非传统安全涉及的利益对于国家具有类似上述作用时，可降低成员方证明非传统安全为基本安全利益的举证责任。相应的，当非传统安全带给国家的风险和挑战在程度上与传统安全带来的风险和挑战相差较远时，援引国则需承担更多的举证责任来证明该新型安全风险构成了应受保护的基本安全利益。

中国作为贸易大国，自加入 WTO 以来，受益于多边贸易体系带来的制度优势，从而迅速在国际舞台上崛起。安全例外条款作为 WTO 多边贸易体系的重要规则，若不能很好地规制安全例外条款滥用的情形，将会对 WTO 法律体系的稳定性和可预测性造成巨大的消极影响。因此，作为 WTO 规则制度坚定的遵守者和捍卫者，中国应积极促进对安全例外条款的改革，以避免滥用安全例外条款对于国际经贸关系的破坏。安全例外条款是一把双刃剑，如何最好地发挥其效用需要各国的共同努力，应推动安全例外改革，实现真正意义上的保护安全利益和防止权力滥用间的平衡。

---

① 谭观福. WTO 国家安全例外视角下的网络安全. 中国高校社会科学，2018（2）：63－74，159.

② 梁咏. 论国际贸易体制中的安全例外再平衡. 法学，2020（2）：142－155.

WTO 与新冠肺炎疫情防控专论

◎ 全球公共卫生危机背景下药品试验数据保护的例外规定研究

◎ 抗疫医疗产品出口限制措施的应用及构建其约束机制的研究

全球公共卫生危机背景下药品试验数据保护的例外规定研究

詹海潇

内容提要：全球公共卫生危机引发国际社会对于知识产权豁免的热议，作为知识产权豁免中重要一环的专利豁免的配套制度，药品试验数据的例外制度将对制药企业、药品监督管理部门及社会公众的行动与利益产生重大影响，因此有必要对现有的药品试验数据的例外规定进行研究完善。本文通过对药品试验数据保护的例外规定的国际规则和国内立法例进行研究，发现存在专利权豁免情形下药品试验数据保护例外规定缺失、“保护公众必要”例外规定不完善等问题，并从国内外层面提出相应的对策和建议。

关键词：药品试验数据保护例外；全球公共卫生危机；保护公众必要；保护豁免

引言

在新冠肺炎疫情（COVID－19）暴发的特殊时期，由于大众健康和公共卫生涉及人权、公共利益，因而涉及药品的私权强保护政策与公共领域利益的冲突凸显。疫情之下，共享理念被唤醒。“知识产权公开承诺项目”（Open COVID Pledge）的发起者就认为，在危机时期，知识产权制度的成本可能远远超过收益，因此倡导知识产权所有人授予免费和临时许可。[①] 知识产权行业顾问和卫生外交官也认为，豁免权的推行可能有助于降低疫苗、治疗剂和诊断工具的成本，使得发展中国家能够获得更多必要的医疗产品，还可能促成以对发展中国家有利的条件达成自愿许可协议。[②]

2020年10月，印度和南非向世界贸易组织（简称世贸组织，WTO）提交了一份提案，寻求知识产权豁免，以增加获得疫苗或其他新冠肺炎病毒相关技术的机会。该提案寻求豁免可能涉及和影响“预防、遏制或治疗新冠肺炎的知识产权……直到全球范围内广泛的疫苗接种，以及世界上大多数人口已经产生免疫力”，该提案得到了包括美国在内的许多世贸

【作者简介】詹海潇，上海对外经贸大学贸易谈判学院硕士研究生，研究方向为争端解决与公平竞争，电子邮箱：z870657795@163.com。

① 新冠病毒“承诺”敦促权利所有人分享知识产权．王丹．译．[2021－04－26]．http://ipr.mofcom.gov.cn/article/gjxw/gbhj/bmz/mg/202004/1949718.html.

② John Zarocostas. What next for a COVID－19 intellectual property waiver？．[2021－09－17]．https://pubmed.ncbi.nlm.nih.gov/34022975/.

组织成员和非政府组织（NGO）的支持。[①] 2020 年世界卫生大会召开前夕，全球 140 多名政要呼吁确保在全球范围内强制共享所有与新冠肺炎相关的知识、数据和技术，并向所有国家免费提供与新冠肺炎有关的专利许可，这些已在世界卫生组织大会的决议中得到认同。[②] 2021 年 6 月 4 日，欧盟向世贸组织总理事会提交了一份关于“对 COVID－19 危机的紧急贸易政策反应”的信函，强调欧盟强烈支持对 COVID－19 大流行病采取多边和全面的应对措施，并指出目前最紧迫的挑战是确保在全球范围内迅速和公平地推广疫苗和治疗方法。由此可见，全球公平地获得安全、有效的 COVID－19 疫苗和治疗方法是所有世贸组织成员的共同目标。作为当务之急，必须尽快扩大 COVID－19 疫苗的生产，并确保其以可承受的价格在全球公平分配。[③]

在此背景下，药品试验数据的取得、管理、保护与例外制度将对制药企业、药品监督管理部门及社会公众的行动与利益产生重大影响。当前国际社会讨论的知识产权豁免主要围绕疫苗或药品的专利权，而疫苗或药品的试验数据保护例外也不容忽视，如果疫苗或药品的试验数据保护例外制度不完善，导致实际上不能豁免试验数据的保护权，那么即便专利权得以豁免，由于试验数据保护期的阻碍，疫苗和药品也无法在全球范围内增产以解决可及性的问题，因此有必要对现有的药品试验数据保护例外规则进行研究完善。

一、药品试验数据的保护与例外

药品试验数据没有统一的定义，从广义上来讲，一切药品在研发过程中进行临床试验所取得的用以证明药品安全性、有效性和质量可控性的数据都可以被称为药品试验数据，包括临床前数据和临床数据，也是政府在接受制药企业上市申请后决定是否通过药品上市审批所依赖的数据。药品试验数据兼具私有性和公共性，牵涉原研药商、仿制药商和社会公众等多方的利益。药品试验数据的双重属性也决定了药品试验数据制度保护与例外的二元性。

（一）药品试验数据保护的正当性与特殊性

药品试验数据是制药企业取得的含有商业价值的信息，是人们通过复杂试验和归纳总结得出的体现一定智力劳动的产物。[④] 英国哲学家洛克提出的知识产权哲学基础传统理论——劳动财产权理论认为，劳动者对自己的劳动享有自然法赋予的所有权，其核心在于“劳动”。[⑤] 而药品试验数据中包含的“劳动”可以理解为原研药企业花费大量人力物力进行的药品研发和试验。试验数据所有权人通过进行一系列复杂的实验室试验和临床试验，得到有关药品性能的数据和信息，并将这些信息加以整合、提炼，作为药品能够上市取得经济效益的重要依据和凭证，并可能进一步为新产品的研发与已有产品的改进作出贡献，此过程凝结了大量劳动。

此外，药品试验数据保护还有利于克服制药企业“搭便车”行为。法经济学理论认为，

---

① UNAIDS. COVID19 Vaccine Open Letter. [2021－10－20]. HTTPS://WWW.UNAIDS.ORG/EN/RESOURCES/PRESSCENTRE/FEATURESTORIES/2020/MAY/20200514_ COVID19-VACCINE-OPEN-LETTER.

② Health Policy Watch. World Sees Largest-Ever Daily Increase of New COVID－19 Infections；Independent WHO Oversight Committee Warns Against “Politicization of COVID－19 Response”. https://healthpolicy-watch.org/74360－2/.

③ Urgent Trade Policy Responses to the COVID－19 CRISIS：Intellectual property. https://trade.ec. europa.eu/doclib/docs/2021/june/tradoc_159606.pdf.

④ 褚童. TRIPS 协定下药品试验数据保护研究. 北京：知识产权出版社，2015：21－22.

⑤ 洛克. 政府论（下篇）. 翟菊农，叶启芳，译. 北京：商务印书馆，1964：19.

外部性是指个人行为对于他人和社会产生的成本和收益，包括积极的外部性和消极的外部性。[①] 对于药品试验数据保护而言，药品试验数据积极的外部效应在于：（1）对于药品的上市经营具有价值，能为企业带来经济利益，增加竞争优势；（2）药品试验数据的研究与公开可以减少人们进行药品研发的成本，增进患者与社会对有关药物的认识，推动新的药物研发技术不断进步。但也需要意识到，一旦药品试验数据可以产生共享，就容易产生免费的"搭便车"集体行为。这不仅仅是对他人劳动成果的掠夺，也容易产生"公地悲剧"，导致市场失灵。[②] 因此，建立合理的药品试验数据保护制度，使得竞争企业付出相应的成本，从而保障数据所有权人能够收回自己在药品试验中投入的成本，有利于解决"搭便车"现象，推动药品的研发创新，在法理上具有正当性。

需要注意的是，药品试验数据不同于传统的商业秘密保护或专利权保护。药品试验数据是制药企业付出大量的时间和金钱成本获得的，这些数据属于开发者的智慧成果，归属于技术信息的范畴且价值极高，其本身有商业秘密的属性。但同时，药品试验数据兼具公共属性，而商业秘密的保护方式依据的是私有权利神圣不可侵犯等民法原则[③]。相比于专利保护，试验数据保护在具体制度上赋予开发者更为有利的竞争优势，其执行无须开发者通过繁复且昂贵的诉讼程序，而是由审批药品上市许可的药品监管机构主动承担。在一个国家缺乏良好的专利保护机制的情况下，试验数据保护对开发者更为有利。[④]

（二）药品试验数据保护例外的理论基础和现实需求

药品试验数据保护例外指的是豁免药品试验数据保护的情形。与药品试验数据保护制度反映药品试验数据的私有属性相对，例外制度反映了药品试验数据的公共属性。在国际知识产权保护制度建立与实施的过程中，始终存在着对知识产权专有权保护与对知识产品的公众共享权利的冲突与平衡。[⑤]

作为个体劳动成果的药品数据，其具有私有属性，其保护方式具有排他性。随着药品试验数据保护制度的建立，药品试验数据保护的范围在逐渐扩大，保护的强度在逐渐提高，对数据所有权人的保护得到重视和强化。但与此同时，药品试验数据的公共属性没有改变。在保证对数据所有权人的权益进行保护的同时，社会公众应有合理机会接触和获取药品试验数据，促进新的知识在社会的传播与流动，进而创造更多有效的新药推动人类健康事业的发展。因此，药品试验数据保护的私权属性不是无条件的、绝对的，在必要情况下需要服从公共利益，从而对私权的保护进行一定的限制和例外。

二、药品试验数据保护例外的国际规则

（一）TRIPS 协定中药品试验数据保护的例外规定

《与贸易有关的知识产权协定》（TRIPS）第 39.3 条[⑥] 将药品试验数据作为"未披露信

---

① 罗伯特·考特，托马斯·尤伦. 法和经济学. 6 版. 史晋川，董雪兵，等译. 上海：上海人民出版社，2012：188.

② 褚童. TRIPS 协定下药品试验数据保护研究. 北京：知识产权出版社，2015：22.

③ 李文江，白娅楠. 我国药品试验数据保护的法律路径选择. 黄河科技学院学报，2021（6）：91.

④ Rebecca S Eisenberg. Patents and Regulatory Exclusivity. London：Oxford University，2012：68－80.

⑤ Shadlen Kenneth C. Intellectual Property, Pharmaceuticals and Public Health: Access to Drugs in Developing Countries. Northampton: Edward Elgar Publishing, 2012, 137.

⑥ TRIPS 第 39.3 条，各成员如要求，作为批准销售使用新型化学物质制造的药品或农药的条件，需提交通过巨大努力取得的、未经披露的试验数据或其他数据，则应保护该数据，以防止不正当的商业使用。此外，各成员应保护此类数据不被披露，除非属为保护公众所必需，或除非采取措施以保证保护该数据防止不正当的商业使用。

息”加以保护，把药品试验数据作为类似于商业秘密的信息保护，其能够获得保护的前提是提交给药监部门的试验数据处于未披露状态。该规定确立了给予 WTO 成员的药品试验数据的最低保护标准——“不披露”和“防止不正当商业使用”，即成员方药品监管机构应当对使用新型化学物质制造的药品或农药上市审批过程中提交的未披露的药品试验数据，提供不受披露且不被不正当商业使用的法律保护。对于试验数据“不披露”的保护义务，TRIPS 第 39.3 条作出了 2 种例外规定：（1）为保护公众所必要（以下简称“保护公众必要”例外）；（2）采取措施以保护该数据防止不正当的商业使用（以下简称“防止不正当商业使用”例外）。

“保护公众必要例外”反映了药品试验数据的公共属性。结合 TRIPS 第 7 条和第 8 条目标与原则条款中保护公共利益的具体要求，① TRIPS 第 39.3 条的“保护公众”首先可以理解为保护公共健康与营养，确保人类生命健康不受损害。由此，我们还可以考虑另一个重要法律文件，即《TRIPS 与公共健康宣言》（亦称《多哈宣言》）。《多哈宣言》作为 WTO 项下唯一一部专门处理知识产权与公共健康问题的法律文件，其在第 5（c）条中列举了引起公共卫生危机的，包括与艾滋病、肺结核、疟疾等其他流行病有关的紧急情势。因此，涉及上述流行病的紧急情势可以作为保护“公共健康”所需的构成要件。

相较于“保护公众必要”例外，WTO 成员对第二项“防止不正当商业使用”的例外规定在理解上存在较大的分歧。“防止不正当商业使用”例外的阐述还与 TRIPS 第 39.3 条药品试验数据保护的另一项义务，即“防止不正当商业使用”义务，密切相关。

（二）自贸协定中药品试验数据保护的例外规定

在《全面与进步跨太平洋伙伴关系协定》（CPTPP）中，药品试验数据被规定在“专利与未披露的试验或其他数据”和“与药品有关的措施”中。从试验数据和专利权被规定在同一节可以看出，CPTPP 的缔约方将药品试验数据的保护视为一种与专利权相似的有独占性质的权利，在保护期限和程度的规定上都参照了专利权的规定。TPP 明确数据独占期不会受到专利保护期限的影响。CPTPP 第 18.54 条标题为“保护期限的变更”，规定如果一项产品提交申请上市审批的试验数据受到了试验数据保护制度的保护，并且该产品自身也受到该缔约方专利权的保护，那么即便该药品的专利保护期限先行届满，还未到期的试验数据独占保护期也不会受到影响。此条明确了试验数据保护权是一项与专利权平行的保护机制。

有关药品试验数据保护的例外，CPTPP 在第 18.50 条第 3 款中规定，缔约方可以依据《多哈宣言》而采取措施保护公共健康。如上所述，《多哈宣言》列举的引起公共卫生危机的紧急情势，可以作为认定保护“公共健康”时所需的构成要件的参考。但其实际作用和效果有待商榷，因为《多哈宣言》中没有关于药品试验数据保护与公共健康的内容，仅在《多哈宣言》和《关于 TRIPS 和公共健康的多哈宣言第六段的执行决议》中有关于专利强制许可和平行进口的规定，成员方可以采取这些措施以保护本国的公共健康。总体而言，TPP 的例外规定仍然较为笼统，在实践操作中的价值不高，其既未对例外的具体情况进行较明确的规定，亦未说明在什么样的情形下可以对相关数据进行披露或者允许依赖该数据，

① TRIPS 第 7 条规定，知识产权的保护和实施应有助于促进技术革新及技术转让和传播，有助于技术知识的创造者和使用者的相互利益，并有助于社会和经济福利与权利和义务的平衡。TRIPS 协定第 8 条第 1 款规定，在制定或修改其法律和法规时，各成员可采用对保护公共健康和营养，促进对其社会经济和技术发展至关重要部门的公共利益所必需的措施，只要此类措施与本协定的规定相一致。

并且未对成员方在某些紧急情况发生时是否可以排除对试验数据的保护作出规定。[①]由此可知，TPP 所关注的重点是制药企业对于投入和利益的获取，它们对于人类公共健康的考量微乎其微。

CPTPP 是区域层面对试验数据保护力度最大的协定，其规则基本上是以美国国内的法律规定为基础，并予以相应变化。根据 CPTPP 的条文规定来看，其保护水平基本上达到目前欧美国家国内试验数据的保护水平。美国时任总统特朗普在宣布退出 TPP 后，剩余的 11 个谈判国家继续自贸协定的签订，并将之改为《全面与进步跨太平洋伙伴关系协定》（CPTPP），但迄今为止，虽然除了美国的 11 个原 TPP 谈判国已签署 CPTPP 并在 2018 年正式生效，但是生效的 CPTPP 是暂停执行数据保护相关条款的“删减版本”。

实际上，TPP 中的数据保护条款即使未生效，对于国际知识产权保护，特别是试验数据保护的国际规则也产生极大的影响和示范作用，并且这也是美国签订其他自贸协定时大概率会采取的试验数据保护模式。例如，美国、墨西哥、加拿大于 2018 年达成的用于取代《北美自由贸易协定》（NAFTA）的《美墨加协定》（USMCA）的条文和 TPP 对于药品试验数据保护的规则几乎是一致的，无论是结构还是条款的措辞。USMCA 的相应规则条文完全是在 TPP 规则的基础上进行简单修改所得的结果。

在中国已签署的 19 个自贸协定中，有 6 个自贸协定规定了“知识产权”章节。这 6 个自贸协定皆未对药品试验数据的保护作出专门规定，但部分参照 TRIPS 的方式以“未披露数据”的保护规定对药品试验数据进行保护，如中韩自贸协定、中澳自贸协定和《区域全面经济伙伴关系协定》（RCEP）。值得注意的是，该 6 个自贸协定都在“知识产权”章节中规定了“知识产权与公共健康”条款，但内容有所区别（见表 1）。早期的自由贸易协定，如中国—毛里求斯自贸协定、中国—格鲁吉亚自贸协定，在“知识产权与公共健康”条款中，仅确认了相关规定不影响在《多哈宣言》中作出的承诺；而中国—哥斯达黎加自贸协定、中国—韩国自贸协定和中国—澳大利亚自贸协定的“知识产权与公共健康”条款，不仅规定了在解释和执行知识产权章节权利义务时应当保证和《多哈宣言》一致，还重申了为落实总理事会有关实施《多哈宣言》第六段的决议作出国际努力的承诺；RCEP 在知识产权章节的第 8 条“《与贸易有关的知识产权协定》与公共健康”关于知识产权与公共健康的规定最为详细，特别提到了与药品有关的知识产权的保护与公共健康的关系，同时也重申了《多哈宣言》。[②]

表 1　　中国对外签署的自贸协定中的药品试验数据保护与例外规则

	自由贸易协定	知识产权章节	保护规则	例外规则
1	中国—毛里求斯自贸协定	第十章	无相关规定	第 3 条：知识产权和公共健康
2	中国—格鲁吉亚自贸协定	第十一章	无相关规定	第 5 条：知识产权与公众健康
3	中国—哥斯达黎加自贸协定	第十一章	无相关规定	第 112 条：知识产权与公共健康

① 张宇萌．TPP 框架下药品试验数据法律保护研究．重庆：西南政法大学，2017：33.

② 详见 RCEP 第 8 条。

续表

	自由贸易协定	知识产权章节	保护规则	例外规则
4	中国—韩国自贸协定	第十五章	第 15.19 条：缔约双方应依据 TRIPS 第 39 条保护未披露信息	第 15.5 条：知识产权与公共健康
5	中国—澳大利亚自贸协定	第十一章	第 18 条：未披露信息的保护	第 7 条：知识产权与公共健康
6	区域全面经济伙伴关系协定	第十一章	第 56 条：未披露信息的保护	第 8 条：《与贸易有关的知识产权协定》与公共健康

由此可见，中国对外签订的自贸协定与美国主导的自贸协定有所不同，其特别指出与药品有关的知识产权与公共健康的关系，开始对药品试验数据保护例外制度有所重视，但仍然缺乏具有可操作性的规定。

后 TRIPS 时期，随着各国科技的发展和贸易往来的频繁，国际药品试验数据保护出现了一些变化。从数量上来讲，规定药品试验数据保护条款的自贸协定数量大幅增长；从范围上来讲，数据保护的对象范围逐渐扩大，原本没有被纳入的生物制品、中药等也被纳入保护的范围；从保护模式上讲，国际药品试验数据保护呈现强保护的趋势。总的来说，自贸协定的快速发展为美国等发达成员对外扩张数据独占保护制度提供了新的平台和机遇。而越来越多的发展中成员由于与美、欧签署自贸协定而在国内规定了标准较高的试验数据独占保护规则，但例外规则在自贸协定中出现的频率却不高。美国与其他经济体签订的 20 个自贸协定均在知识产权章节对药品试验数据保护作出了相关规定，但对于公共健康的例外，仅有 6 项自贸协定作出了规定。①

通过研究分析发现，自贸协定中药品试验数据保护的例外条款通常以下面一种或几种组合的方式出现，但其效力尚待实践检验。第一，有的自贸协定在对药品试验数据保护作出专门规定的部分，或在知识产权章节的原则部分提及公共健康或公共利益的例外规则。如 RCEP 中对与药品有关的知识产权与公共健康关系的强调。第二，有的自贸协定没有提及药品试验数据的保护，但在未披露信息条款中设置“保护公众必要”例外。第三，有的自贸协定在提及例外规则的同时，将例外规则与《多哈宣言》联系在一起。如 TPP 在第 18.50 条 3 款中规定，缔约方可以依据《多哈宣言》而采取措施保护公共健康，但 TPP 所关注的重点是制药企业对于投入和利益的获取，对于人类的公共健康的考量微乎其微。

三、药品试验数据保护例外的国内立法例

（一）各国药品数据保护例外规定的具体政策

1. 阿根廷、泰国等采取商业秘密保护模式的国家

大多数发展中成员如阿根廷、约旦、泰国等，倾向于将药品试验数据作为商业秘密加以保护。药品监督管理机构对于数据所有人提交的药品试验数据负有保密义务，防止竞争者以不正当的方式获取数据并进行商业利用。但不对原研药授予试验数据独占保护期，不限制仿制药企业通过等效性试验提出仿制药上市申请，也不限制药监部门对仿制药进

① Office of the United States Trade Representative. Free Trade Agreements. [2021-02-28]. https://ustr.gov/trade-agreements/free-trade-agreements.

行审批。①

采取商业秘密保护模式的国家大都没有对药品试验数据保护的例外作出规定，如阿根廷。部分作出规定的国家也仅仅是简单援引了 TRIPS 中“保护公众必要”例外的表述。巴西在其《工业产权法》中对药品试验数据保护例外作出规定：申请人取得药品上市许可的前提是，向相关政府机构提交能够证明其安全有效性的相关药品试验数据，如果该试验数据是申请人付出相当努力才取得的，法律对其予以保护。任何未经许可对其进行披露、使用的行为均构成侵犯商业秘密行为。对于侵权人可以处以三个月到一年的徒刑或罚款，但出于保护公众的行为除外。②

2. 采取披露+数据独占保护模式的美国

1982 年 Hatch-Waxman 法案（《药品价格竞争与专利期补偿法》）中规定，如果不存在特殊情况，试验数据应在药品独占保护期满，或在药品上市申请被驳回或放弃后再进行披露。③ 1997 年《美国食品药品监督管理局现代化法案》要求美国国立卫生研究院（NIH）建立数据库，对“针对严重或危及生命的疾病和状况的实验性治疗”的临床试验进行注册。所有以人体为研究对象的设备、装置或药物等的临床研究，在招募受试者之前都要将试验设计的有关信息在数据库中进行登记。试验完成后，试验结果摘要与分析、不良反应等数据信息都要载入数据库中，数据库于 2000 年向公众开放。2007 年《美国食品药品管理法》修正案进一步扩大了需要注册数据的临床试验范围，包括生物药品的试验数据。该法案明确强调数据应通过互联网向公众公开，④ 但同样未要求直接公布全部原始数据，只要求公开数据摘要。⑤

3. 采取不披露+数据独占保护模式的中国

中国在《药品注册管理办法》第 20 条和《中华人民共和国药品管理法实施条例》第 34 条中对药品试验数据保护进行了规定，规定应保护数据不被披露，除非出于公共利益需要，或已经采取措施确保数据不被不正当商业使用，药监部门不得披露受保护数据。除了明确 6 年的独占保护期之外，中国的药品试验数据保护制度基本照搬了 TRIPS 的表述，没有规定更细致的执行程序。

2018 年 4 月，《关于鼓励药品医疗器械创新保护创新者权益的相关政策（征求意见稿）》（以下简称《办法意见稿》）出台，相较于《药品注册管理办法》与《中华人民共和国药品管理法实施条例》简略的条款，其构建了较为完整的药品试验数据保护制度。《办法意见稿》规定了两种数据披露途径：（1）国家药品监管部门主动披露。在公共利益需要、已采取措施确保该类数据不会被不正当地进行商业利用、药品审评机构依法公开审评信息三种情形下，国家药监部门可以主动披露受保护药品试验数据。（2）权利人主动披露试验数据，第 17 条规定，为防止权利滥用，取得数据保护的权利人应在取得权利之日起主动披露其被保护的试验数据。

---

① Carlos M Correa. Unfair Competition under the TRIPS Agreement: Protection of Data Submitted for the Registration of Pharmaceuticals. Chicago Journal of International Law, 2002, 3(1):69 – 85.

② Article 195, Law 9.279 on industrial Property of Brazil.

③ Ünlu M. It is Time: Why the FDA Should Start Disclosing Drug Trial Data, Michigan Telecommunications and Technology Law Review, 2010, 16(2): 511–545.

④ Federal Food, Drug, and Cosmetic Act, 121 Stat.823, Section 801(a)(2)(A)(i)

⑤ Federal Food, Drug, and Cosmetic Act, 121 Stat.823, Section 801(2)(A)(ii)

此外，2020 年修订的《药品注册管理办法》第 18 条进一步明确了《上市化学药品目录集》的构建①，第 33 条明确了在药物临床试验登记与信息公示平台进行预登记的义务②。根据药品评审中心发布的最新的《药物临床试验登记与信息公示管理规范（试行）》③，需要登记的信息包括试验目的、试验设计、受试者信息（入选标准、排除标准）、试验分组（试验药、对照药）、终点指标、数据安全监察委员会、为受试者购买试验伤害保险、研究者信息、伦理委员会信息、试验人数、受试者招募及试验完成日期、临床试验结果摘要等。

如果说药监部门主动披露数据的途径是基于对 TRIPS 条款的细化，那么权利人主动披露试验数据的规定则体现了我国立法的创新。目前，在确立药品试验数据独占保护制度的主要国家和地区的法律法规中，尚未出现要求权利人主动披露试验数据的强制性规定。将数据披露作为取得试验数据独占保护权利的条件，这一理念应来源于知识产权保护中“以公开换取独占”的理论基础。这一规则安排在逻辑上是合理的，在法理上具有正当性。

（二）各国药品数据保护例外规定的总体特征

如前所述，目前仅 TRIPS 将例外的表现方式确定为“披露数据”的形式，其他大多数条约并未说明具体是“强制许可”的形式，还是仅仅限定于“披露数据”的形式，因此各国对于例外规定的探索也主要围绕“披露数据”进行。

近年来，随着社会公众对药品上市审批透明度、药品质量与用药安全、公共利益与公共健康保护等问题关注度的提高，部分 WTO 成员已经开始探索药品试验数据披露的可能性与途径。比如，美国建有政府临床试验网站④，专门用以公布相关的药品试验数据信息；欧盟也有相关的公示网站或系统⑤；中国国家药品监督管理局药品审评中心也构建了药品临床试验登记与信息公示平台⑥。

但目前的披露主要集中限于药品试验数据的摘要及基础信息，而简单的披露无法保障整个例外制度的运行。国内学者褚童对包括中国在内的 12 个国家采取的药品试验数据保护规则与社会公众药品获得相关性程度进行量化对比，用指数的方式来评价各个国家的保护规则对药品可及性的影响程度。其评价标准包括是否满足 TRIPS 的要求、药品是否存在事实上的市场独占、专利保护到期对试验数据的保护是否有影响、试验数据到期后的披露等一系列考量。分析中所选取的国家大多为发展中国家，由于签订自贸协定或者其他承诺将药品试验数据保护的相关规则纳入了国内立法。从指数分析来看，大多数国家在设定试验数据独占保护的基础上，没有对之设置任何例外和限制，作出例外限制规定的国家，其

---

① 《药品注册管理办法》第 18 条“国家药品监督管理局建立收载新批准上市以及通过仿制药质量和疗效一致性评价的化学药品目录集，载明药品名称、活性成分、剂型、规格、是否为参比制剂、持有人等相关信息，及时更新并向社会公开。化学药品目录集收载程序和要求，由药品审评中心制定，并向社会公布。”

② 《药品注册管理办法》第 33 条：“申办者应当在开展药物临床试验前在药物临床试验登记与信息公示平台登记药物临床试验方案等信息。药物临床试验期间，申办者应当持续更新登记信息，并在药物临床试验结束后登记药物临床试验结果等信息。登记信息在平台进行公示，申办者对药物临床试验登记信息的真实性负责。药物临床试验登记和信息公示的具体要求，由药品审评中心制定公布。”

③ 药品评审中心．药物临床试验登记与信息公示管理规范（试行）》．[2021－04－20]. https://mp.weixin.qq.com/s?src=11&timestamp=1624422749&ver=3147&signature=yLsG4h-ZqdUVvjaem9JeEF1AbLok0ILCcdeKaxknraDVEFNwMyKvHc1befkn5L0MMi9eJkbg0*tI4XjeOBOvryt0JtIahptnuyZEIqSouLl0DZjNAO34l5r7bBPP1EiD&new=1.

④ NIH：https://clinicaltrials.gov/.

⑤ EU Clinical Trials Register，https://www.clinicaltrialsregister.eu/ctr-search/search.

⑥ 药品临床试验登记与信息公示平台，http://www.chinadrugtrials.org.cn/helpLink.html.

规则也存在着较多的不充分等问题。[①]

从药品试验数据披露政策制定的国际趋势来看，各国对于例外规定的探索主要围绕“披露数据”进行，且越来越多的国家开始积极探索药品试验数据披露的途径，包括对药品试验数据实施独占保护的国家和地区。

从数据披露的政策内容来看，欧盟的药品试验数据披露政策最为具体与严格，而多数国家在数据披露中更多考虑到商业秘密或财产性信息的保密问题，通过披露数据摘要或限制披露范围等方式，确保药品试验数据中的商业秘密和财产性信息不受公开及未授权的商业使用。如果需要进一步披露数据和信息，申请人可以通过更具体的申请程序乃至诉讼程序进行。

总体来说，通过药品试验数据披露提高药品上市申请和审批过程的透明度、实现药品研发激励与公共健康保护之间的平衡已经逐渐成为世界各国的共识，但试验数据披露的具体范围、内容、方式与程序应进一步通过法律法规加以明确，WTO 成员在制定数据披露政策时应考虑到 TRIPS 第 39.3 条中试验数据披露的有限性与例外性，确保其符合 TRIPS 下数据保护的义务要求。

四、全球公共卫生危机背景下药品试验数据保护例外规定的反思

《多哈宣言》澄清了与 TRIPS 及其灵活性和公共卫生之间的联系，其申明 TRIPS 没有也不应该阻止成员方采取措施保护公共健康，指出每个成员都有权授予强制许可，并可自由决定授予这种许可的理由，并进一步规定，每个成员都有权决定什么是国家紧急情况或其他极端紧急的情况，包括与艾滋病、肺结核、疟疾等其他流行病有关的引起公共卫生危机的紧急情势。按照《国际卫生条例》对全球突发公共卫生事件的评价因素，即事件的公共卫生影响严重性、事件的意外性、事件国际传播的严重危险性以及限制国际旅行或贸易的严重危险性等因素，当前的新冠肺炎疫情属于全球公共卫生危机，属于《多哈宣言》中影响公共健康的情形。疫苗和药品的可及性成为全球关注的问题，疫苗也属于生物制品的一种，虽然无法依据 TRIPS 主张试验数据的保护，但许多自由贸易协定已经将其视为生物制品，与化学药品一样享有试验数据的保护权。[②] 当前的危机不禁让人反思药品试验数据保护的例外制度，包括但不限于下列问题：① 当前许多国家呼吁对疫苗和药品的专利豁免，那么在专利强制许可的情形下，药品试验数据保护例外中没有规定试验数据的强制许可，是否会对专利强制许可制度造成妨碍？② 除了如新冠肺炎疫情等全球公共卫生危机的情形，还有哪些情形属于“保护公众必要”例外的情形？③ 在全球公共卫生危机背景下，依据例外规定对药品试验数据保护进行豁免具体的方式包括哪些，是只允许披露数据，还是允许仿制药或政府机关依赖原研药企业提供的试验数据申请或审批上市？④ 各国是否重视“保护公众必要”例外制度的构建，并在国内法中作出相关规定？

（一）专利权豁免情形下药品试验数据保护例外规定的缺失

政府可以基于为公共利益采取行动的需要，利用专利法的灵活性，在没有经过专利所有者同意的情况下使用专利，此即为专利的强制许可，也称为专利权豁免。例如，当一项

① 褚童. 药品试验数据保护义务国内实施的制度困境与解决——以药品获取为视角. 河北法学，2017（9）：92－104.

② 如 USMCA 中规定，生物制品除蛋白质外，还扩展出其他多种类型，包括病毒、治疗血清、毒素、抗毒素、疫苗、血液、血液成分或衍生物、致敏产品、蛋白质或类似产品，它们享有 10 年的数据独占保护权。

专利成为获取低价仿制药的障碍，而原研药定价过高，远高于国家的支付意愿时，政府就可以运用专利的强制许可制度，促进药品的可及性。《多哈宣言》认为这些灵活性是促进和保护所有人获得药品的重要工具。

TRIPS 生效后，诸多 WTO 成员方认识到过强的药品专利权利可能会对一国的社会公共健康产生消极的影响，尤其是对于药品产业发展落后、向发达国家企业引进较多专利的发展中国家影响较大。

在最初的 TRIPS 条文中并没有出现强制许可这一表述，但是第 31 条规定了“未经权利持有人授权的其他使用”，并明确包括了政府或者经政府授权的第三方的使用。但是，其中并没有说明这类使用的具体情形。因而，WTO 在 2001 年第四届部长级会议上通过了《多哈宣言》，其中第 5 条确定任一成员都有权授予强制许可，并且有权自由决定授予这种强制许可所依据的理由。

可以看出，现行的 TRIPS 中涉及强制许可制度实际上是针对专利权保护的强制许可制度，目的是限制专利权的独占效果。而试验数据独占权所实现的效果和专利权保护是一样的，都是产生了独占的效果，实现了市场的独占地位，限制任何第三人未经允许的使用，阻止仿制药进入市场。药品专利是存在强制许可规则的，但是该强制许可制度是否可以适用于药品试验数据独占权并没有予以明确。

一些 WTO 成员，如智利、哥伦比亚和马来西亚，在药品法规或专利法中对强制许可的使用规定了明确的数据排他性豁免，目的是在必要时促进仿制药的注册和销售，以保护公众健康。美国法律虽然没有对数据排他性作出明确的例外规定，但美国 2007 年新贸易政策授权在强制许可或其他公共卫生需要的情况下，对数据和市场排他性规定明确的公共卫生例外。①

但大多数国家的药品立法仍然没有规定药品试验数据独占保护的例外。如欧盟，即使在国家紧急状态或其他紧急情况下，欧盟法律中也没有明确的豁免条款来满足在上述排他性期限到期之前授权销售通用产品的需要。②

中国现行的强制许可制度规定在《专利法》第 55 条中，其中明确当国家出现紧急状态或者非常情况，或者是为了公共利益时，可以授予强制许可，但是强制许可的对象仅限于发明专利和实用新型专利，并未包括药品试验数据。③在本文前述所列举的近年来的一系列文件里，虽然有关于强制许可的指导性意见或建议，但是都是针对药品专利而言的，并未提及有关药品试验数据是否可以授予强制许可。

由此可以看出，大多数国家未在立法中明确强制许可规则是否可以适用于药品试验数据保护，这实际上对社会公共健康会产生不利影响，因为专利权利人也就是原研药企业可以借由药品试验数据独占保护的规则来规避政府所批准的专利强制许可。

比如，如果一国的政府由于某些特殊原因批准了某一款药品的强制许可，仿制药商获得强制许可之后开始研制相应的仿制药并且提交到相关部门进行上市审批，但是由于该原研药企业还持有这款药品的试验数据独占权利，其他仿制药企业想要使用这些证明药品安全性有效性的试验数据仍旧必须获得药品试验数据独占权持有者的同意，否则仿制药企业

① U.S. House Ways and Means Committee. A New Trade Policy for America (Bilaterals, 2007). http://www.bilaterals.org/IMG/pdf/07_05_10_New_Trade_Policy_Outline.pdf.

② Medicines Law & Policy: Data Exclusivity in the European Union: Briefing Document, 2019.

③ 《中华人民共和国专利法》第 55 条。

必须自己进行相应的临床试验以获得上市审批所需的数据，而这又需要耗费大量时间和资源。政府所批准的强制许可也就没有起到应有的作用。①

日内瓦大学瓦莱丽·朱诺教授认为，出于公共利益的需要发放强制许可会使专利所有人有义务放弃数据独占权。这种豁免将允许仿制药品使用试验数据进行上市申请。她还认为，如果一家在市场上占据主导地位的公司拒绝获取瑞士监管机构掌握的数据，根据瑞士竞争法，这很可能被视为滥用，因为法院已经裁定，为了公共利益市场上需要一种额外的产品。②

因此，有必要在各国的药品试验数据规定中引入明确的数据和市场独占权豁免，以便各国政府能够有效利用专利强制许可制度，在必要时干预高药品价格③。

（二）“保护公众必要”例外规定的不完善

1.“保护公众必要”例外在各国国内缺乏界定

大多数国家在对药品试验数据作出规定时，习惯于照搬照抄 TRIPS 第 39.3 条例外规定的表述。TRIPS 表述的笼统性、概括性使之无法发挥真正的作用。对于构成“保护公众必要”例外的具体情形，TRIPS 虽未作出具体解释，但《多哈宣言》等国际文件以及 WTO 的判例中对“公共健康”“公共利益”“必要性”等用语已经有所解释，建议各国在国内法中引入相关因素，使例外规定发挥实际效力。

2.“保护公众必要”例外的具体实现路径处于模糊状态

TRIPS 规定，各成员应保护此类数据不被披露，除非属于为保护公众所必需，或除非采取措施以保证该数据免于不正当的商业使用。按照文义解释可以得出其规定的例外的表现形式为“披露数据”。对于采取“商业秘密保护模式”的成员方来说，“披露数据”不仅能达到数据为大众所公知的效果，而且仿制药企业或政府可以依据披露的数据申请或审批上市。对于采取“披露的数据独占保护模式”的国家，如果按照 TRIPS 的规定将例外局限地理解为“披露数据”，则需要思考非例外规定与例外规定下披露程度的区别；如果将例外扩张地理解为使药品试验数据产生一种强制许可的效应，实际上能够达到与“商业秘密保护模式”例外一样的效果，但需要思考的是，这种“强制许可”效果的例外并没有在 TRIPS 当中加以规定。同理，对于采取“不披露的数据独占保护模式”的国家，例外的表现形式也会产生争议，是仅仅披露数据而不允许仿制药依赖，还是产生强制许可的效果，需要各国作出具体的说明。

此外，促进药品试验数据披露逐渐成为世界各国的共识，但试验数据披露的具体范围、内容、方式与程序应进一步通过法律法规加以明确。

在全球公共卫生危机背景下，如何完善并利用好药品试验数据的例外规定以促进疫苗和药品的可及性是亟待解决的问题，其中的关键问题为：（1）如何在专利强制许可情形下构建药品试验数据保护例外规定；（2）如何在全球范围内构建药品试验数据披露协调制度。

---

① 陈庆. 超《TRIPS 协定》条款对药品专利强制许可的变异及应对策略. 知识产权，2013（6）：80－85.

② Valérie Junod. Legal Analysis: The Interface Between Patent Protection and Data Exclusivity-The Issue of Compulsory licensing in the Public Interest under Swiss Law ‘(Public Eye, 29 January 2019). https://www.publiceye.ch/fileadmin/doc/Medikamente/ValerieJunod_Legal-Analysis-CL_20190129.pdf.

③ Ellen Hoen, Pascale Boulet, Brook K Baker, Data Exclusivity Exceptions and Compulsory Licensing to Promote Generic Medicines in the European Union: A Proposal for Greater Coherence in European Pharmaceutical Legislation [2021－06－08]. https://joppp.biomedcentral.com/track/pdf/10.1186/s40545－017－0107－9.pdf?site=joppp.biomedcentral.com.

五、全球公共卫生危机背景下药品试验数据保护例外规定的完善

（一）明确“保护公众必要”例外的内涵及表现形式

对于“保护公众必要”例外的具体适用情形，可以参照《多哈宣言》的规定以及 WTO 争端解决上诉机构发展出的关于“必要性”的判断标准。虽然《多哈宣言》中的强制许可针对的是专利保护，但所列出的情形对于药品试验数据例外规定的完善具有很大的借鉴意义。此外，WTO 争端解决上诉机构确立的权衡标准是：根据成员方追求的利益或价值的重要性、争议措施对政策目标达成的贡献程度、争议措施的贸易限制程度等进行衡量，也可以为各国考虑作为确定“保护公众必要”例外的要素。

对于“保护公众必要”例外的表现形式，应当确定其既包括数据披露，也包括强制许可。对于采取“商业秘密保护模式”的国家而言，需要理解即使是以商业秘密的方式予以保护，商业秘密法也并不是绝对禁止对其公开的。当商业秘密涉及重要的公共利益时，公众就有权知道其秘密的具体内容。一方面政府基于公共利益的考虑，可以通过决定立法等方式要求相关主体向主管部门予以披露；同时，如果涉及公共利益，监管部门也可以决定在什么情形下公开，满足什么条件可以适用。[①] 对于采取“独占保护模式”的国家而言，需要理解在涉及公共利益的情况下，只有允许对试验数据进行强制许可，才能够达到与采取“商业秘密保护模式”的国家在例外情形下的同等效果，平衡与采取“商业秘密保护模式”国家的利益。

（二）结合专利制度完善药品试验数据保护例外

1. 利用专利申请限制数据独占

药品试验数据独占保护与药品专利保护是两个平行的保护方式，一种药品可以同时获得专利权和试验数据独占权，并且保护期均分别计算。但是，专利权与试验数据独占权之间最大的不同在于，试验数据独占权的授予要求在申请数据保护时，该保护的数据对象是未披露的数据，如果数据已经被披露或者进入公共领域，便不得再赋予其独占保护权利。对于专利权而言，在申请专利权的审批过程中需要遵守充分公开原则。专利保护的本质在于就某一项技术申请专利保护，但是该项技术必须对社会公众予以公开，在专利保护期届满时，该项技术便可以由任何第三人予以使用。

可以看出，专利权的公开原则与试验数据保护的未披露性质是完全相悖的，一款药品想要获得专利权保护就必须在某种程度上进行公开，其中不可避免会包括某些试验数据信息，而这些试验数据信息根据独占权的规则来说，就不再符合获得试验数据独占保护的要求。[②] 正如本文在第一部分所述的在专利申请过程中允许补交试验数据的规定。

因此，建议灵活使用专利审批过程中的充分公开原则，要求专利申请人在一定程度上公开与药品相关的涉及试验数据的信息，或者在相关审批文件中明确其为获得专利保护所提交的相关试验数据信息已进入公共领域，不再符合试验数据保护的要求，从而使这些信息不得再次获得试验数据独占的保护，起到限制数据保护的作用。

---

① Elizabeth A Rowe. Striking a Balance: When Should Trade Secret Law Shield Disclosures to the Government?. 96 Iowa L.Rev.791 (2011).

② 程文婷. 试验数据知识产权保护的国际规则演进. 知识产权，2018（8）：82－96.

2. 构建药品试验数据强制许可制度

强制许可的理念来源于法经济学中的“责任规则”（liability rules），其核心在于“先使用，后付款”[①]，允许权利使用人在未得到权利所有人许可的情况下行使使用权。区别于必须先征得权利所有人同意才能行使权利的“产权规则”[②]，“责任规则”只要权利使用人事后能适当地补偿权利所有人的损失即可。作为无形财产权的知识产权应当适用“产权规则”进行保护，但是建立在前人劳动成果上的知识成果及其承载的传播知识、造福人类的公共利益属性，决定了不能绝对适用“产权规则”保护所有的知识产权。由于药品试验数据具有很强的社会性，因此财产权利的确定性在一定程度上被削弱，在保护药品试验数据时需要考虑保护措施与公共健康的平衡。在保证药品试验数据没有受到不公平利用的前提下，允许数据的流通、披露和使用，在防止仿制药企业免费“搭便车”行为的同时，充分利用药品试验数据，减少社会资源的浪费，促进药品市场的竞争。

建议各国在相关的规则中明确药品试验数据独占权的强制许可规则，以配合药品专利强制许可的实施，达到为了公共利益而采取强制许可的效果，在这种情况下，数据使用者可能需要向依赖数据的数据所有者支付使用或依赖试验数据的适当报酬，例如在没有专利保护制度因而没有在强制许可或政府使用许可的情况下通常应支付的报酬。

药品试验数据的强制许可实际上是一种试验数据的补偿机制。用一种试验数据补偿机制取代数据排他性机制，这种机制承认为生成数据而进行的投资，但不允许投资者将其他人排除在数据使用之外。根据数据补偿制度，仿制药的注册被视为正当的商业使用，因此不受数据保护的限制。进行试验数据所需投资的原研药企业将因使用数据而获得足够的报酬，但不能阻止药品机构为履行其公共卫生职责而对数据进行必要的使用。[③]

3. 协调药品试验数据的披露

如上所述，只要各国对例外表现形式达成共识，则采取“商业秘密保护模式”的国家与采取“数据独占保护模式”的国家就有在药品试验数据例外制度方面利益平衡的潜在基础，也使得协调药品试验数据的披露成为可能。

但当前各国对于试验数据的披露内容和披露标准都有所不同，建议参照世界卫生组织《临床试验注册国际标准》的建议标准，完善国际药品试验数据披露协调机制。

药品试验数据的披露对于医生、科研人员以及患者来说意义重大。医生对药品的相关临床试验信息了解得越多，就越能掌握该种药品的临床使用情况和效果，以及相应的副作用等，可以更好地对症下药进而有助于新药的社会推广。相关药品科研人员也就可以有针对性地对药品作出进一步的改进和完善，以满足临床需求。从患者的角度看，披露药品试验数据能够保障患者的知情权，促进患者对用药的理解，对保护患者健康有着重要意义。

从披露的内容来看，对于已经建立披露制度的国家，目前各国公开要求披露的内容主要集中在药品试验数据的摘要及基础信息上，虽较为笼统，但可以看出，对于关键性的信息，各国都已规定进行披露，例如试验方案、临床试验结果摘要等。对于还未建立披露制度的国家，应积极倡导其建立数据披露制度或数据共享机制。

从披露的标准来看，各国药品监管部门官网目前没有公开明确的标准，实践中实际公

---

① 魏建，宋微. 财产规则与责任规则的选择：产权保护理论的法经济学进展. 中国政法大学学报，2008（5）：135.

② 魏建，宋微. 财产规则与责任规则的选择：产权保护理论的法经济学进展. 中国政法大学学报，2008（5）：135.

③ Medicines Law & Policy. Data Exclusivity in the European Union: Briefing Document 2019.

开的文件的情况也有所不同，以我国为例，我国目前建立了药物临床试验登记与信息公示平台，明确了需要披露的内容，但在披露的标准方面未形成统一的规定。对此，可以参照世界卫生组织颁布的最新《临床试验注册国际标准》，从前瞻性试验披露、数据更新、已完成的临床试验报告披露时限、已完成试验披露的比例等方面设定或细化相应的标准（见表 2）。

表 2　　《临床试验注册国际标准》建议标准

试验活动	标准
前瞻性试验披露	在第 1 名参与者被招募之前，至少有 50% 的试验将被注册披露。在第 1 名参与者被招募后 1 个月，将不会有超过 25% 的试验被注册披露
数据更新	至少 1 年 1 次
已完成的临床试验报告披露时限	结果完成后 12 个月内披露（自最后一名参与者最后一次数据收集时点起算）
已完成试验披露的比例	75%

抗疫医疗产品出口限制措施的应用及构建其约束机制的研究

李斓地

内容提要： 新冠肺炎疫情的大流行给世界带来了前所未有的公共卫生挑战。全世界对抗疫医疗产品的需求是前所未有的，而一些国家为缓解本国医疗产品的短缺而实行的出口限制却加剧了全世界的短缺情况。在大流行病在全世界蔓延的情况下，医疗产品的短缺会加速疫情的蔓延。任何一个国家或者地区的沦陷就可能意味着全球供应链的断裂。缺乏国际合作会使整个人类面临医疗产品及原材料短缺的不利局面。因此，本文致力于建立一个能够在当下及未来的公共卫生危机中有效约束各国对抗疫医疗产品实施出口限制的制度，并将这种制度作为紧急状态下的应对措施保留下来，以抵御各国采取保护主义造成危机加深的风险。

关键词： 抗疫医疗产品；出口限制措施；GATT 1994

一、抗疫医疗产品出口限制措施及其对疫情治理的影响

提到抗疫医疗产品，社会公众印象中首先出现的就是护目镜、口罩、防护服等各类个人防护产品。之所以会联想到这些产品，是因为在新冠肺炎疫情暴发初期，这些产品最早出现在社会公众的视野之中，并且起到了直接阻断新冠肺炎疫情传播的作用。但是，随着新冠肺炎疫情的传播范围逐渐扩大，在抗击新冠肺炎疫情的过程中，不仅个人防护产品和药品、疫苗等常规的医疗产品变得随处可见，就连检测盒、注射器、试剂等用于实验室和临床检测的医疗易耗产品，甚至是呼吸机、救护车等用于进行辅助治疗的医院用产品都相继出现在了救治的过程中，并且世界范围内对于抗疫医疗产品及其相关原材料的需求都在增加。出于逐利的特性，国际贸易商人自然会将抗疫医疗产品运往利润更高的地方，结果导致部分生产国反而面临抗疫医疗产品短缺的不利局面。因此，世界各国在疫情初期针对抗疫医疗产品相继出台了出口限制措施，都想把抗疫医疗产品留在本国，供国内抗疫使用。

然而，以邻为壑，终将伤及自身。各国在疫情初期对抗疫医疗产品的出口限制可能不仅没有有效控制住国内疫情，还造成了抗疫医疗产品在世界范围内更加严重的供需失衡。有鉴于此，在2020年二十国集团（G20）峰会前夕，世贸组织总干事阿泽维多和联合国秘书长古特雷斯分别就医疗产品的国际供应和统筹问题发表讲话，希望世界各国能够有效统

【作者简介】李斓地，日立分析仪器（上海）有限公司出口管制专员，研究方向为国际法与经济学，联系电话：18818221824。

筹医疗和防护物资的供应，保持医疗产品贸易开放和流动。

（一）抗疫医疗产品的界定标准

框定抗疫医疗产品的范围，是保持医疗产品贸易开放的前提，也是后续开展贸易谈判的基础。不同的国际组织对抗疫医疗产品有不同的界定标准。

世界海关组织先后发布了两版抗疫医疗产品的分类。第一版将抗疫医疗产品分为测试剂、消毒杀菌剂、医用耗材、医疗器械、防护服、体温计和肥皂① 等七类；第二版将抗疫医疗产品分为诊测工具、防护用具、消毒灭菌剂、氧气治疗设备和脉搏血氧计、其他医疗器械和设备、医用耗材、医用运输工具及其他产品② 共八类。

世界贸易组织将抗疫医疗产品分为四大类：药品（原料药、成品药、疫苗等）、医院和实验室易耗品（酒精、注射器、纱布、试剂等）、医疗设备（病人监护仪、脉搏血氧计、超声波扫描设备、呼吸机、X光设备、计算机断层扫描设备等）、个人防护品（肥皂、消毒剂、口罩、护目镜等）③。

上述分类标准只在部分产品上存在不同意见，差异不大。由于本文主要基于世贸组织法对抗疫医疗产品出口限制约束机制进行研究，为了方便进行分析，本文采用世贸组织的分类方法。同时，由于影响新冠疫苗贸易的因素较为复杂，本文暂不将新冠疫苗纳入抗疫医疗产品的范围之内。

（二）抗疫医疗产品出口限制措施的应用

应当明确的是，虽然世贸组织成员经常使用的出口限制措施包括出口税和数量限制两种，但是本文所指的出口限制措施仅指数量限制④，不包括出口税⑤。原因如下：

第一，出口税对商品流通的影响弱于数量限制。数量限制直接作用于出口国的出口限制措施，通过禁止或限制国内出口商的出口来直接中止贸易往来。无论国外消费者的消费意愿是否强烈，都会因数量限制造成商品流通的中断而无法获取出口国的商品。而出口税虽然也会对贸易量造成影响，但是贸易中止与否不取决于国内出口商，而是取决于国外消费者的消费意愿。在实施出口税时，出口商往往会通过提高商品价格等方式将高出口税的影响转嫁到进口国的消费者身上。虽然进口国的消费者会因此减少对高关税商品的需求，从而导致整个贸易量的下降，但是只要进口国消费者的消费意愿依然存在，商品贸易就存在。除非出口关税高到进口国消费者不可接受，否则不会出现进口国消费者无法获取出口国商品的情况。

第二，存在规制数量限制的例外条款。《1994年关税与贸易总协定》（GATT 1994）原则上禁止将数量限制作为出口限制措施，但是GATT 1994也通过其他例外条款允许成员基

---

① the Global Trade Alert team. Tackling COVID－19 Together the Trade Policy Dimension. https://www.tralac.org/documents/resources/covid－19/3467－tackling-covid－19－together-the-trade-policy-dimension-global-trade-alert-march－2020/file.html.

② World Customs Organization. HS classification referencefor Covid－19 medical supplies 2.1 Edition. http://www.wcoomd.org/－/media/wco/public/global/pdf/topics/nomenclature/covid_19/hs-classification-reference_2_1－24_4_20_en.pdf? la=en&la=en.

③ WTO. Trade in Medical Goods in the Context of Tackling COVID－19. https://www.wto.org/english/news_e/news20_e/rese_03apr20_e.pdf.

④ 无论该数量限制是否可以援引例外条款，如有必要做区分，文中会加以说明。

⑤ 这里所说的出口税包括关税和国内税费。

于正当、合理的理由暂时地针对食品及某些重要商品将数量限制作为出口限制措施。在本文中，这些例外条款以及基于例外条款产生的数量限制的合理性与正当性是重点研究的内容。由于没有对出口税进行规制的例外条款，所以本文不对出口税进行深入研究。

第三，在新冠肺炎疫情期间，向 WTO 通报使用出口限制的成员中没有使用出口税作为出口限制措施的，数量限制是唯一在疫情期间对抗疫医疗产品使用的出口限制措施。

根据世贸组织的统计数据，为将抗疫医疗产品尽可能地留在国内，2020 年 1 月至 2021 年 7 月，大约 80 个国家和地区对抗疫医疗产品实施了以数量限制为内容的出口限制，包括出口禁令、出口许可证、出口配额等措施。虽然大部分国家都按照 GATT 1994 的要求，暂时地使用了出口限制措施①，并通知了措施的起始和终止时间，但也存在部分国家——例如马来西亚——将“暂时”定义为整个新冠肺炎疫情期间的情况。

出口限制措施中最严格的措施就是直接实施出口禁令，禁止本国生产的抗疫医疗产品从本国出口。法国在 2020 年 3 月到 2020 年 5 月 11 日之间暂时禁止了含有洛匹那韦成分的药品的出口；哥伦比亚在 2020 年 3 月 22 日到 2020 年 9 月 22 日之间对个人防护设备实施了 6 个月的临时出口禁令；韩国从 2020 年 3 月 6 日起暂时禁止出口外科口罩和卫生口罩、熔喷过滤器等，原计划于 2020 年 6 月 30 日结束出口禁令，但是韩国政府在禁止出口期间两次修改了临时措施（包括实施时间和实施范围），最终全部禁令于 2020 年 10 月 23 日结束。俄罗斯也对口罩实行了临时出口禁令，时间是从 2020 年 3 月 2 日到 2020 年 6 月 1 日，但是在 2020 年 4 月 5 日欧亚经济联盟又宣布对包括口罩在内的部分个人防护设备实行为期将近半年的临时出口禁令，因此作为欧亚经济联盟成员的俄罗斯实际上是在 2020 年 9 月 30 日结束了口罩的临时出口禁令。加拿大政府虽然在名义上没有实施直接的抗疫医疗产品出口禁令，但是加拿大政府授权卫生部长在国内药品严重短缺的条件下可以直接禁止某些国产药品出口。

出口许可证制度是大多数成员向世贸组织通报使用的出口限制措施。阿根廷在 2020 年 3 月 20 日到 7 月 20 日之间对呼吸机实行了出口许可证制度；巴西自 2020 年 3 月 18 日起，先后对药品、防护服、消毒剂、医用易耗品、氧气等实行了出口许可证制度，并且由于国内疫情的持续恶化，截止到 2021 年 6 月，巴西并没有终止抗疫医疗产品的出口许可证制度。另外，还有一部分世贸组织成员虽然未明确使用某种证书作为出口许可证，但是其抗疫医疗产品的出口要向本国相关部门提出书面申请，并经过该部门的书面批准后才允许出口。埃及在疫情初期对抗疫医疗产品实施过为期 3 个月的临时出口禁令，临时出口禁令结束后，从 2020 年 6 月 17 日开始，出口商在经过埃及贸易与工业部书面批准之后，允许出口超过埃及国内需求的部分；与埃及政策类似的还有塞浦路斯和美国，塞浦路斯在 2020 年 3 月 26 日到 5 月 26 日之间要求，除非经卫生部长以书面方式批准，否则禁止出口医药产品；而美国在 2020 年 4 月 7 日发布命令称，未经联邦紧急事务管理局批准，某些用于个人防护设备的稀缺材料不得从美国出口，该命令经过 2020 年 8 月 10 日和 12 月 31 日两次修改，延长至 2021 年 6 月 30 日。在所有实施出口许可证制度的国家中，瑞士的做法与 GATT 1994 关于数量限制的非歧视原则有些出入，瑞士在 2020 年 3 月 26 日到 6 月 22 日之间对抗疫医疗产品实施了出口许可证制度，但是在作为目标对象的欧盟国家和部分欧洲国家不对瑞士实行抗疫医疗产品禁运政策的前提下，瑞士允许向目标对象自由出口抗疫医

① 使用出口限制措施的时间从 3 个月到 1 年不等。

疗产品，对目标对象之外的国家依然实施出口许可证。

而使用出口配额的世贸组织成员是欧盟和哥斯达黎加。2021 年初，欧盟对新冠疫苗的出口数量实施了出口限制，要求自欧盟成员出口的新冠疫苗的出口量不会对欧盟和疫苗制造商达成的预先采购协议的执行构成威胁，否则将禁止欧盟成员出口新冠疫苗。欧盟在 2021 年 3 月 13 日扩充了受限疫苗的名单，该措施已于 2021 年 6 月 30 日结束。哥斯达黎加自 2020 年 3 月 18 日开始对抗疫医疗产品实行出口许可证制度，并于 2020 年 6 月 22 日免除了出口许可证，但是哥斯达黎加在免除出口许可证的同时规定，只要哥斯达黎加政府发出了国内物资短缺警报，就将对出口的抗疫医疗产品进行严格的数量限制，防止国内抗疫医疗产品流失。

（三）抗疫医疗产品出口限制措施对疫情防治的影响

新冠肺炎疫情防治需要三个阶段：阻断传播、甄别感染者、对患者加以救治。这三个阶段无论哪一个都需要投入大量的医护人员和抗疫医疗产品。在供应链全球化的今天，任何一个国家都很难做到仅以本国的工业制造能力来生产满足本国抗疫需要的所有类型的抗疫医疗产品。根据比较优势理论，无论是口罩、呼吸机还是化学制药，国家总会有某一个品种的抗疫医疗产品是相对依赖进口的。如果某类抗疫医疗产品的生产国放开了出口限制，那么进口国就有该类抗疫医疗产品可用；反之，进口国的该类抗疫医疗产品就会陷入短缺的恐慌之中。再者，从经济学的角度来看，限制出口也会抑制出口国国内抗疫医疗产品的长期供给，出口下降导致出口国国内的供给增加和价格下降，出口国国内抗疫医疗产品生产的长期投资和生产动力就会被抑制，所以出口国国内的供给能力也会下降，造成国内国外双短缺的局面。

放开出口限制的正面例子是中国的口罩出口。戴口罩能够降低感染新冠病毒的概率并阻断新冠病毒的传播，在当今世界已经成为新的共识。根据世界卫生组织的计算模型（2020 年 3 月），为了应对新冠肺炎疫情，全球仅仅是医护人员每个月就需要消耗 8 900 万个医用口罩[①]，这还不包括生产生活中的消耗。中国在 2020 年 3 月到 4 月之间将口罩生产能力提升至历史记录以来的峰值，每月生产接近 5 900 万只医用 N95 口罩，在满足国内抗疫需要的前提下积极出口。根据世界贸易组织统计的数据，作为世界上最大的口罩出口国，中国在全球口罩出口贸易中占比超过 50%，主要供应北美、欧洲和亚洲部分国家，美国和意大利口罩的 3/4 由中国供应，在日本更是达到了 80%[②]。中国在全球疫情早期（2020 年 3 月到 4 月）就停止了对口罩的出口限制，使一些不能生产口罩的国家及时地获得了抵抗疫情的医疗物资，阻断了病毒在世界范围内的快速传播。并且，因为放开了出口限制，中国国内生产者对于长期生产并出口抗疫医疗产品的动力一直没有衰减，保证了中国国内市场中始终有充足的抗疫医疗产品在流通。

反面例子则是印度对药品及其原材料的出口限制。相比于口罩，药品是国际合作化程度更高的抗疫医疗产品，国际供应链上的任何一个环节受阻，都很难继续进行生产。由于特殊的国内政策，印度在世界药品产业链中扮演着原料厂的角色，在美国更是有 18% 的制

① Fadela Chaib. Shortage of Personal Protective Equipment Endangering Health Workers Worldwide. https://www.who.int/news/item/03 – 03 – 2020 – shortage-of-personal-protective-equipment-endangering-health-workers-worldwide.

② WTO. Trade in Medical Goods in the Context of Tackling COVID – 19. https://www.wto.org/english/news_e/news20_e/rese_03apr20_e.pdf.

药原料进口自印度①。2020 年 1 月 31 日，美国卫生和公众服务部宣布，由于疫情引发的药物需求增长规模巨大，美国出现了 100 多种药物的短缺②。而 2020 年 3 月，印度工商部以应对国内药品短缺为名义，宣布印度将停止出口包括羟氯喹和对乙酰氨基酚③ 在内的成品药和制药原料。印度的出口限制导致美国制药商的制药原料更加匮乏，这使得美国本就因新冠肺炎疫情而短缺的药品存量雪上加霜。面对印度的“突然袭击”，时任美国总统特朗普在记者会上扬言，如果印度不放开对羟氯喹的出口限制，恐怕将招来美国的报复④。由于美国和周边邻国的不断施压，印度解除了对羟氯喹等药品的出口禁令，但这一事件并未随之告终。一年后，新冠病毒变异德尔塔毒株在印度大规模扩散，印度成为紧随美国和巴西之后的世界第三大疫情国。当印度政府请求白宫放松对疫苗原材料的出口禁令时，美国政府却以“要优先对美国国民负责”为由拒绝了印度的请求，这种拒绝很难不被认为是对印度曾经使用出口限制的报复。

诚如世界卫生组织总干事谭德塞所言：“没有安全的供应链，……我们就无法阻止 COVID－19。”要想在全球范围内控制并消灭新冠病毒，就需要世界各国在提高抗疫医疗产品产能的同时，放开对抗疫医疗产品的出口限制，让“看得见的手”和“看不见的手”同时发挥作用，让贸易来合理地分配抗疫医疗产品，确保每一个国家都有充足的医疗物资去应对新冠肺炎疫情。一个国家在新冠肺炎疫情期间对抗疫医疗产品采取出口限制措施的行为不仅会削弱贸易伙伴应对新冠肺炎疫情传播的能力，进而招来贸易伙伴对等的报复——在其紧缺的粮食、食品、工业制成品及其原材料方面同样加以出口限制⑤，而且部分不能自己生产抗疫医疗产品的国家还可能将病毒反传染回本来已经控制住疫情的国家。所以，选择放开抗疫医疗产品的出口限制有利于及时阻断新冠肺炎疫情的传播，更有效地甄别和救治感染者；而选择对抗疫医疗产品实行出口限制，短时间内虽然可以缓解国内抗疫医疗产品的短缺，但是从长期来看不仅对本国抗疫不利，还会祸及其他国家，无异于饮鸩止渴。

二、WTO 中的出口限制约束机制

在要不要完全禁止使用出口限制的问题上，几乎所有的国际贸易协定都使用了某种形式的“例外”条款，留出了一些允许使用出口限制措施的余地。但这些过于容易援引的例外条款也存在着鼓励国家采取自利行为而免于承担责任、动摇国际经贸规则的可靠性以及削弱贸易自由化效果的问题。因为即使是合乎例外条款地使用出口限制措施，在某些特殊情况下，也会对国际贸易秩序和国际安全造成不可逆的破坏。

因此，GATT 1994 以及其他的国际贸易协定也都针对那些例外条款所允许的出口限

① Rick Mullin. COVID－19 is Reshaping the Pharmaceutical Supply Chain. https://cen.acs.org/business/outsourcing/COVID－19－reshaping-pharmaceutical-supply/98/i16.

② Johns Hopkins University Bloomberg School of Public Health. The Pandemic and The Supply Chain. https://www.jhsph.edu/research/affiliated-programs/johns-hopkins-drug-access-and-affordability-initiative/publications/Pandemic_Supply_Chain.pdf.

③ 二者在新冠肺炎疫情初期均被认为是新冠肺炎治疗药物。

④ India Reverses Export Ban On Hydroxycloroquine, Other Drugs Following Trump Pressure. https://www.npr.org/2020/04/08/830205883/india-reverses-export-ban-on-hydroxycloroquine-other-drugs-following-trump-press.

⑤ WTO. Export Prohibitions and Restrictions. https://www.wto.org/english/tratop_e/covid19_e/export_prohibitions_report_e.pdf.

制措施加以约束，在尽力规避出口限制措施的同时既保证整个例外机制的灵活性，也能避免国家在国际经贸规则生效后机会主义地使用这些条款[①]，这些约束就是出口限制约束机制。

出口限制约束机制本质上是在国际经贸规则的约束性和灵活性之间寻求一种平衡，既不能过于约束，也不能过于灵活。约束过度的出口限制约束机制会形成绝对禁止使用出口限制或者使用出口限制的条件永远不可能成立的情况，当出口国确实存在使用出口限制的必要情况时，过于约束的出口限制约束机制会对出口国的利益造成损害；反之，过于灵活的出口限制约束机制就变成了一种摆设，对出口国任意设置出口限制的行为起不到任何约束作用，这种情况就会伤害到进口国的利益。

GATT 1994 作为国际经贸规则的范本，在是否允许成员使用出口限制措施方面，也存在灵活性和约束性之争。GATT 1994 的灵活性体现在允许使用出口限制措施的各种例外条款上，而约束性则体现在 GATT 1994 第 11.1 条禁止使用出口限制措施的一般原则、例外条款中对使用出口限制措施的规制、能够否决出口限制措施的争端解决机制、适用于出口限制措施的通报程序和成员的入世议定书等五个方面。WTO 的出口限制约束机制就是这二者博弈的结果，GATT 1994 的灵活性是出口限制约束机制存在的前提，而约束性就是出口限制约束机制的构成要素。

（一）世贸组织出口限制约束机制的存在前提

如前文所述，如果不存在“合法的”出口限制，那么也就不存在出口限制约束机制。在 GATT 1994 中，禁止使用出口限制措施是一般原则，但是也存在允许使用出口限制措施的例外条款。这些例外条款将出口限制变成了合法行为，也为出口限制约束机制提供了存在的前提。

GATT 1994 第 11.1 条是禁止使用出口限制措施的一般原则，而紧接着在第 11.2 条就规定了允许使用出口限制措施的例外情况。第 11.2 条规定：为了防止或缓解出口方的粮食或其他必需品的严重短缺，出口方可以临时实施出口禁止或限制。因此，当成员的粮食或其他必需品存在短缺的情况时，成员可以对粮食或其他必需品实施临时性的出口限制措施而不用受到 GATT 1994 的约束。

在 GATT 1994 中，第 20 条又被称为“一般例外条款”，是各成员使用出口限制措施的主要依据。该条款的设定主要是为了免除成员相应的义务，以满足成员国内的公共利益需求。该条款是实现自由贸易目标与维护各成员公共利益之间的一个平衡点，一方面有利于确保多边自由贸易目标得以实现，另一方面又不致损害成员国内的公共政策以及破坏成员国内的公共秩序。

根据 GATT 1994 第 20 条的规定，在成员实施的措施不构成对其他成员的歧视或对国际贸易形成变相限制的前提下，为了保护公共道德、人类及动植物的生命健康、具有艺术和历史价值的国宝、可用尽自然资源，成员方可以对相关物品实施出口限制。在某些产品存在普遍或局部供应短缺的情况下，在所有成员都能在此类商品的国际供应中获取公平份额的前提下，出口方可以为获取或分配产品而采取出口限制措施。

① 韩逸畴. 论贸易政策灵活性机制在 WTO 体制中的地位和作用——基于不完全契约理论的视角. 清华法治论衡，2014（2）：117-140.

（二）WTO出口限制约束机制的约束方式

WTO出口限制约束机制的约束方式体现在GATT 1994第11.1条禁止使用出口限制措施的一般原则、例外条款中对使用出口限制措施的规制、能够否决出口限制措施的争端解决机制、适用于出口限制措施的通报程序以及成员的入世议定书等五个方面。

作为WTO最主要的法律文本，GATT 1994在其开篇的马拉喀什宣言中就强调要实现贸易自由化，抵制各种保护主义，要取消包括数量限制在内的各种贸易壁垒。GATT 1994第11条普遍取消数量限制是规范数量限制的主要条款，第11.1条明确禁止成员使用数量限制作为出口限制措施。第11.1条规定："任何缔约方不得对任何其他缔约方领土的进口或向任何其他缔约方领土出口或销售供出口的产品设立或维持除关税、国内税或其他费用外的禁止或限制，无论此类禁止或限制通过配额、进出口许可证或其他措施实施。"[①] 由此可见，第11.1条通过一般性地禁止WTO成员使用出口限制措施实现了对出口限制的约束。

例外条款虽然允许成员使用出口限制措施，但是也对成员使用出口限制措施的方式、时间等要素作出了规制，避免成员投机性地采用出口限制措施。GATT 1994第11.2条a款规定，为了防止或缓解成员的粮食或其他必需品的严重短缺，成员可以临时实施出口限制和禁止。根据这一款可知，首先，成员所使用的出口限制措施的目标对象必须是粮食或其他必需品，不可以针对非必需品使用出口限制措施；其次，使用出口限制措施的前提必须是防止或缓解目标对象的严重短缺，防止严重短缺说明短缺已经发生，但是尚未达到严重的程度，而缓解严重短缺则说明短缺的现象已经非常严重，所以要对目标对象使用出口限制，目标对象至少应该达到短缺的程度；最后，成员的出口限制措施必须是临时的，所谓临时就需要有一个时间范围，成员只能在这个时间范围之内实施出口限制措施，一旦超过这个时间范围，成员必须自觉终止出口限制，这一点是为了防止成员将临时的措施变相地永久化。

在GATT 1994所有的例外条款中，第20条是最常引用的例外条款，因为它规定的例外情况最多。但同样的，第20条也是对例外之下的出口限制要求最多的条款。第一，第20条引言部分规定，成员实施的出口限制措施不得在具有相同情形的国家之间构成任意或不合理歧视的手段，也不得对国际贸易形成变相限制。第二，第20条a到j款规定了允许使用出口限制的例外情形，包括保护公共道德、公共健康、文物艺术品、可用尽自然资源，履行国际义务，稳定国内市场价格，获取及分配稀缺产品等。除上述情形之外，成员不得以第20条作为使用出口限制措施的依据。第三，为保护公共道德和公共健康的例外情形下使用的出口限制措施应当是必需的措施。"必需"一词根据WTO争端解决机构的解释是不可避免、无可替代的意思[②]，如果该出口限制措施对保护公共道德和公共健康不是不可替代的，那么该出口限制措施就不符合例外情形，即为非法。第四，当出口限制措施是为了保护可用尽自然资源而实施时，则该限制必须也同样适用于国内生产和消费。不对国内生产和消费进行同等的限制，那就说明所谓的保护可用尽自然资源其实只是为了变相地实施对国际贸易的限制，而不是真正地为了保护该资源，则对该资源的出口限制措施也就不能使用。第五，如果某项产品存在普遍或局部供应短缺，可以为了获取或分配产品采取必需的

① GATT 1994第11条普遍取消数量限制. https://www.wto.org/english/docs_e/legal_e/gatt47_01_e.htm#articleXI.

② US-Imports of Certain Automotive Spring Assemblies, adopted on 26th May 1983, Basic Instruments and Select Documents, 30S/107－128, para.58.

出口限制措施，但是应该保证所有成员方都能获得公平的份额。这是在极端情况下对非歧视原则的要求，即使产品不能满足所有成员的全部需要，也不能只满足某一部分成员的需要而忽视或故意限制另一部分成员的需要。否则，该出口限制措施即构成非法情形。

成员即使认为自己将要实施的出口限制满足上述例外情况，也不可以单方面自行实施出口限制，必须要向 WTO 和其他成员发出通知。根据 GATT 1994 第 10 条“贸易法规的公布和实施”的规定，成员方实施出口限制必须满足 GATT 1994 第 10 条中关于贸易法规的透明度的要求，要使其他成员能够容易地获取与出口限制有关的信息。而根据《关于数量限制通知程序的决定》，当成员提出或继续实施出口限制时，WTO 要求成员必须在出口限制措施生效 6 个月之内通知 WTO，必须定期向世贸组织通知其所采取的出口限制措施，包括限制的一般描述、限制的类型、详细产品描述等，并表明其认为世贸组织的哪些条款将允许其引入或维持此类措施，成员还必须确保以符合 GATT 1994 第 13 条规定的非歧视性方式进行管理。当有其他成员对该成员的出口限制提出质疑时，双方可以就该出口限制展开磋商。并且，WTO 货物贸易理事会也作出关于通报程序的规定，要求成员方以列举的形式向 WTO 通报其实施的出口限制措施。货物贸易理事会同时建立了被称为“反向通报程序”的制度，允许成员为贯彻透明度原则，通报其他成员采取的非关税措施。

WTO 的争端解决机制也是体现出口限制约束机制约束性的重要制度。争端解决机制的受理范围很广，凡是向争端解决机制发起的仲裁请求，争端解决机制都有权力对成员引起争端的行为进行裁决。在争端解决机制受理的国际贸易争端中，出口限制争端是很常见的案件。如果争端解决机制认为成员方采取的出口限制措施不符合 GATT 1994，争端解决机制通常会要求违反协定的一方撤销那些不符合 GATT 1994 的措施；对于不能撤销的措施，争端解决机制通常会要求违反协定的一方提供补偿作为替代；如果违反协议一方也拒绝提供补偿，那么争端解决机制会授权受损害的国家发起针对性报复。因此，对于出口限制，即使成员方认为自己是根据 GATT 1994 中的例外条款实施的，争端解决机制一样可以依据自己的判断要求成员方撤销该出口限制。争端解决机制的这一特点对出口限制起到了积极的约束作用，并且因其提供的结论与建议具有强制力，可以被认为是 WTO 制度之下最具约束力的出口限制约束机制。

从 1995 年 WTO 成立到 2001 年中国加入世贸组织的六年间，新加入的 WTO 成员一般只对进口限制措施承担约束义务，而不对出口限制措施进行约束，WTO 成员所实施的出口限制措施只要符合 GATT 1994 的规则即可。但是，GATT 1994 规制出口限制的规则不是尽善尽美的，亦有很多不足之处，为了弥补 GATT 1994 在约束出口限制方面的不足，WTO 从 2001 年起在接纳新加入的成员时，对其设定了出口限制义务。

2001 年，中国成为 WTO 成员，《中国加入世贸组织议定书》第 7 条非关税措施规定，中国应执行议定书附件 3 中的非关税措施取消时间表，在规定期限内，对该附件中所列的出口限制措施在规模、范围或期限方面不得增加或扩大，且不得实施任何新的出口限制措施，除非符合 GATT 1994 的规定。到 2003 年亚美尼亚加入世贸组织时，亚美尼亚承诺对其出口许可证措施进行修改，直到与 WTO 的条款相一致。同样对出口许可证制度承诺修改的还有乌克兰，2008 年乌克兰加入世贸组织时承诺实施的出口许可证等出口限制措施将与 WTO 的相关规则一致。并且，乌克兰还承诺取消对有色金属材料的出口禁令，取消对谷物、贵金属和宝石的出口限制[①]。很多学者认为，入世议定书中针对具体国家设置的义务超过了 GATT 1994 的范围，是超 WTO 义务，具有针对具体国家的歧视性。但是不可否认的是，这些超 WTO 义务在客观上起到了约束成员使用出口限制措施的作用，也是 WTO 出口限制约束机制的一部分。

三、WTO 出口限制约束机制在新冠肺炎疫情中的作用与不足

在新冠肺炎疫情暴发期间，WTO 出口限制约束机制对各成员针对抗疫医疗产品实施的出口限制起到了一定程度的约束作用，但是效果并不理想。

（一）没有起到约束作用的出口限制约束机制

成员的入世议定书对各成员的出口限制措施没有起到约束作用。究其原因，第一是因为 2001 年以前加入 WTO 的成员的入世议定书中较多针对进口限制措施作出了规制，较少对出口限制措施作出规制；而 2001 年以后加入 WTO 的成员的入世议定书中虽然对出口限制措施作出了一些规制，但是是以出口税减让表的方式让成员对出口限制作出约束，对数量限制的约束并不多见。在此次新冠肺炎疫情中，成员使用的出口限制措施全部都是数量限制，没有以出口税的方式作出的出口限制措施，因此入世议定书不能作为约束成员使用出口限制措施的依据。第二是入世议定书对成员的出口限制约束集中在对成员的粮食出口和主要自然资源出口的限制上，缺少对抗疫医疗产品出口限制的约束。在过去的经验中，粮食和自然资源的贸易一直是 WTO 及其成员重点关注的问题，所以对两者的出口限制约束较多。但本次新冠肺炎疫情是由于公共卫生危机引起的抗疫医疗产品短缺，不适用于过去的经验，所以入世议定书对各成员的出口限制没有起到任何约束作用。第三是 WTO 争端解决机制。2019 年 11 月 22 日，WTO 争端解决机构由于美国阻挠，最终仍无法启动上诉机构新成员的遴选程序。作为国际贸易的“最高法院”、争端解决机制的最终程序，WTO 上诉机构因为只剩最后一位成员，无法满足至少三位大法官共同审理贸易争端案件的要求，陷入技术性“停摆”[②]。争端解决机制虽然还能由专家组负责对贸易争端案件进行“一审”，但是因为专家组的意见缺乏终裁效力，没有了上诉机构的争端解决机制也名存实亡。2019 年底新冠肺炎疫情暴发，由于争端解决机制的缺位，面对部分成员对于抗疫医疗产品实施的不符合 GATT 1994 规则要求的出口限制措施，WTO 成员多数选择通过外交渠道协商解决，即使协商不成，也无法诉诸法律，因为通过法律解决争端的渠道已经消失了。假设争端解决机制尚在，应该可以想见，专家组以及上诉机构的大法官们将会收到大量关于抗疫医疗产品出口限制的争端案件。可惜的是由于上诉机构停摆先于新冠肺炎疫情的暴发，WTO 争端解决机制无缘本次新冠肺炎疫情，不能对各国的出口限制措施起到约束作用。

（二）起到一定约束作用的出口限制约束机制

在此次疫情下的“出口限制潮”中，对出口限制起到一定约束作用的首先应该是以 GATT 1994 第 11 条为主的禁止使用数量限制的一般原则和例外条款中对使用出口限制措施的规制。

第 11 条一般性地禁止成员对抗疫医疗产品使用出口限制，应该承认的是，这一点其实被成员遵守得比较好。仔细观察 WTO 成员向 WTO 通报的出口限制措施可以发现，无论按

① 蒋荣兵. 国际贸易出口限制的分析研究. 国际贸易问题，2012（5）：119－127.

② 最后一位成员赵宏女士于 2020 年 11 月 30 日任期届满离任，至此上诉机构全部成员空缺，正式停摆。

照什么样的标准去界定抗疫医疗产品，各成员所限制出口的抗疫医疗产品主要集中在药品和部分个人防护设备两类上面，少部分成员才对医院和实验室易耗品实施出口限制措施，极个别成员才对医疗设备实施出口限制。

这个现象其实很好理解，因为普遍短缺情况就是发生在药品和个人防护设备两类产品上，医院和实验室易耗品只是局部地区发生短缺，而医疗设备的短缺情况比较容易被解决，所以几乎没有出口限制。除去部分最不发达国家，WTO 各成员在疫情以前对药品和个人防护设备都有着较为可观的存量，即使部分成员的存量不足以供应国内需求，顺畅的国际贸易渠道也能及时补足缺口。但是，因为新冠病毒的传播速度太快，大量的感染者需要药品治疗，而更多的非感染者需要个人防护设备保障安全，所以这两类产品在疫情中的消耗量极大，消耗速度比供应速度还快，从而造成了即使是出口国也出现了短缺的情况。医院和实验室易耗品的短缺原因与药品和个人防护设备短缺的原因类似，但是只发生在少部分 WTO 成员[①]中。而医疗设备虽然冠以“医疗”二字，但是本质上多数是机械类产品[②]，无论是原料来源还是生产工艺，相比于药品类产品都要简单一些。在前期，医疗设备也存在一定的短缺，随着主要生产国产能的提升，这种短缺很快就被补足了，因此绝大多数国家并未对医疗设备采取出口限制。个别国家因为采购不足以及疫情变化原因才对医疗设备采取了出口限制，满足局部短缺的情况不在第 11 条的规制之内。综上所述，在产品存在普遍短缺和局部短缺的情况下，成员可以不遵守第 11 条的相关规定，而对于不存在短缺的产品，成员还是较好地遵守了第 11 条关于禁止使用数量限制的一般原则。

例外条款中也存在众多对抗疫医疗产品使用出口限制措施的约束，部分条款起到了有效的约束作用。

首先是第 11.2 条 a 款规定的在必需品严重短缺的情况下实施临时出口限制措施的对象、使用情形和使用时间。在新冠肺炎疫情中，抗疫医疗产品当然是必需品，如果存在严重短缺，则成员可以使用出口限制，反之就不可以。如果成员想使用出口限制，就只能是临时使用，不可以长期维持出口限制不变，尤其是当疫情逐渐平息的时候，抗疫医疗产品不再是必需品或者仍然是必需品但不面临短缺的情况下，再维持对抗疫医疗产品的出口限制只会对正常的国际贸易造成不必要的限制。

其次，第 13 条非歧视性原则有效地阻止了在疫情期间出现少数国家抱团取暖、隔岸观火的情况。疫情中有能力自保的国家只是少数，如果这些少数国家联合起来，垄断抗疫医疗产品，只在小团体内部进行抗疫医疗产品和相关物资的贸易往来，而对疫情国坐视不理，则很难想象现在的世界局势又会是什么情况。事实上，欧盟在疫情初期就是这样做的，欧盟全面禁止部分医疗防护设备的出口，向非欧盟国家的出口必须得到成员国的授权，以保证欧盟内部有足够的供应。但是，欧盟是一个 WTO 成员，欧盟的各成员国也是 WTO 成员，欧盟的做法在事实上是对欧盟成员国之外的 WTO 成员的歧视，这就相当于在 WTO 成员内划分允许出口和禁止出口的界限。这种做法无疑扩大了欧盟和其他国家的裂痕，也削弱了欧盟成员国之间的向心力[③]，再加上长而复杂的国际供应链也不可能允许欧盟在保证小团体利益时不会遭到报复，所以欧盟及时停止了这一行为，而由其成员国各自实施独立的出口

① 多为发展中国家或不发达国家。

② 这一点在医疗设备的 HS 编码上亦有体现。

③ 孙吉胜. 新冠肺炎疫情与全球治理变革. 世界经济与政治，2020（5）：71－95，157－158.

限制措施。

最后，第20条的部分条款内容在约束抗疫医疗产品出口限制的问题上是否起到了作用，以及起到了什么样的作用，在笔者看来还有待商榷，将在下文中进行探讨。但是不可否认的是，第 20 条的根本目的是在特殊情形下也不会对国际贸易造成歧视待遇和变相限制，在疫情中也为成员所遵守，避免了更大范围的国际贸易乱象的发生。

（三）WTO出口限制约束机制的不足

任何制度都不会是完美的，WTO 出口限制约束机制也不例外。WTO 出口限制约束机制赖以存在的 GATT 1994 法律条文正是这个制度的缺陷所在。作为例外条款，第 11.2 条和第 20 条中与新冠肺炎疫情下抗疫医疗产品出口限制约束相关的关键点在于防止或缓解必需品的严重短缺和临时措施，但是值得注意的是，WTO 并没有对必需品的定义和范围以及严重短缺的程度、临时措施的时间长短等问题做进一步的解释，法律概念的模糊容易造成适用上的困难①。

1. 必需品的问题

什么是应对新冠肺炎疫情的必需品？如果做严格解释，显然抗疫医疗产品就是应对新冠肺炎疫情的必需品，根据 WTO 对抗疫医疗产品的界定，凡是纳入抗疫医疗产品中的都是各成员所需要的必需品。根据第 11.2 条的规定，只有必需品才能设置出口限制，非必需品不能设置出口限制。但作为必需品的抗疫医疗产品不是凭空出现的，是要通过对原材料进行加工才能得到的。可是这些原材料产品不在 WTO 界定的抗疫医疗产品范围之内，从严格意义上来说不应该属于必需品，因此不能对这些原材料产品实施出口限制。但是，从另一个角度来说，没有这些原材料就不会有抗疫医疗产品的成品。如果对必需品做扩张解释，抗疫医疗产品的原材料也应被纳入必需品当中，以俄罗斯、哈萨克斯坦、土耳其为代表的部分国家显然就是对必需品做了这样的解释，并且对某些石油产品、酒精原料和熔喷布实施了出口限制。

然而，这样的做法对抗击新冠肺炎疫情的作用是利弊参半的，处理好了会把危机变成转机，而处理不好则会把危机扩大。对必需品做扩张解释的结果就是抗疫医疗产品及其原材料都成了可以实施出口限制的产品，在面对抗疫医疗产品生产国的出口限制时，原材料生产国的确可以通过对原材料实施出口限制予以对等报复，并且让其他抗疫医疗产品的生产国在实施出口限制的时候有所顾忌。但是从长远来看，原料的出口限制只会造成抗疫医疗产品生产国国内产能的进一步限缩，使本就不足的储量更加捉襟见肘，进而导致抗疫医疗产品生产国加强对抗疫医疗产品的出口，造成恶性循环。

2. 短缺的问题

短缺的问题在第 11.2 条和第 20 条中都有提及，二者对短缺的侧重不同。第 11.2 条中的短缺是严重短缺，并且要和防止或缓解这种严重短缺的措施放在一起进行解释；第 20 条的短缺则与其他成员非歧视性地公平获取该产品联系在一起。

在中国原材料案中，专家组和上诉机构对第 11.2 条中各项概念的含义作出了解释，其中就包括严重短缺和防止或缓解措施。他们认为，短缺指的是产品在数量上的缺乏，而“严重”的定义则是“与危机有关，或形成危机的；具有决定性的重要性，至关紧要的；涉及风险或未定的结果”，而对于“危机”的定义则是“转折点，至关重要或决定性的阶段；动

① 孙林，唐锋. 粮食出口限制、粮食安全与区域合作框架下的约束机制. 国际经贸探索，2012，28（10）：25-35.

乱，危险或悬而未决的时期”。那么“严重短缺”就是指，具有决定性作用的数量不足，或数量处于至关重要的情形，或达到了极其重要或决定性的阶段，或达到了转折点。为更好地解释“严重短缺”，上诉机构还分析了同样针对短缺情况进行规制的第 20 条 j 款。第 20 条 j 款中也出现了“短缺”一词，但是并没有用“严重”之类的修饰词限定。上诉机构认为有必要从解释上对这样的差异赋予意义，这也是有效解释原则的应用。从这个差别来看，适用于第 11.2 条的短缺类型要比适用于第 20 条 j 款的类型范围限定得更多。所以，适用于第 11.2 条的短缺类型应当能够构成危机下的短缺，如果不能构成危机，则该短缺不构成严重短缺。

“防止或缓解”也应当与“严重短缺”联系在一起进行解释。“防止或缓解”指“在严重短缺发生前采取措施防止其发生，或在严重短缺已经发生时采取措施减轻短缺的状况”。如果现有的短缺状况根本不可能停止，只会继续发生下去，那么也就不存在能够防止或缓解的措施。

如前文所述，第 20 条 j 款的短缺只是说明产品在数量上的短缺，并不要求因这种短缺产生任何的危机。但是成员在针对这种短缺实施出口限制时，要保证所有成员在此类产品的国际供应中有权获得公平的份额，并且在短缺不复存在的时候停止实施出口限制。

在新冠肺炎疫情中，各成员也是为了解决本国国内抗疫医疗产品的短缺而对抗疫医疗产品使用了出口限制措施，依据的也正是第 11.2 条或者第 20 条。但是从实践上来看，这两条对于成员能不能使用出口限制给出了完全相反的结论。

（1） 在实施出口限制的时候，各成员没有办法证明其国内存在严重短缺。根据世贸组织专家组和上诉机构对“严重短缺”的解释，“严重短缺”应当是能够造成危机的数量短缺。可是直到 2020 年 9 月，全世界累计确诊人数才刚刚突破 3 000 万大关，占全世界人口的 4‰ 而已，所以从累计确诊人数来看并不能证明在 2020 年 3 月疫情初期，各国对抗疫医疗产品实施出口限制的时候，处于“动乱、危险或者悬而未决的时期”。所以，即使国内确实存在数量短缺，也只是短缺而已，不能因此就认定是能造成危机的严重短缺。所以，各成员所谓的“严重短缺”不能成立，这只是成员一种主观上的恐慌而已。

（2） 即使能够认定当时的短缺是严重短缺，成员也无法证明其实施的出口限制有防止或缓解严重短缺的作用。解决短缺的办法有两种，一是开源，二是节流。出口限制就属于节流的办法，可是无论如何节流，在全球性医疗产品大匮乏、国际货运和物流受阻等极端情况下，现有的短缺状况根本不可能停止，只会继续发生下去，那么也就不存在防止或缓解严重短缺的情况。所以，最好的防止或缓解严重短缺的办法就是开源，也就是扩大产品的来源。暂时降低或取消医疗产品的进口税、扩大医疗产品生产、研制新型冠状病毒特效药等措施都可以作为抗疫医疗产品出口限制的替代措施。并且，相比于出口限制，这些替代措施更加符合世贸组织规则要求，尤其扩大医疗产品生产才是解决问题的根本措施。只是通过扩大抗疫医疗产品的生产来实现防止或缓解严重短缺的效果需要一定的时间才能体现出来，所以如何认定扩大生产在特定时期内有效，也是一个有待解决的问题。

（3） 如果成员依据第 20 条 j 款在普遍或局部供应短缺的情况下使用出口限制，就应该注意到当导致实施出口限制的条件不存在，也就是不再发生短缺时，不能继续使用出口限制。但是到目前为止，世贸组织并未对该条中“导致实施出口限制的条件不复存在”具体该如何判断作出解释。缺乏对条件是否存在的认定，成员就可以无限制地使用出口限制。本文认为，在新冠肺炎疫情的背景下，该条件可以有两种解释。第一种解释是抗疫医疗产品的储量不构成短缺。因为第 20 条 j 款的前提就是普遍或局部供应短缺，当成员都可以便利地获得自己所需要的份额，抗疫医疗产品也就不存在普遍或局部供应短缺的问题，自然也就不需要再对抗疫医疗产品实施出口限制。第二种解释是新冠肺炎疫情不复存在。新冠病毒具有传播速度快、变异速度快的特点，因此新冠肺炎疫情在全球范围内不断反复，上个月疫情稳定的国家可能下个月就成了疫情的集中暴发地。所以，只要新冠肺炎疫情存在，各成员对抗疫医疗产品就有消费的需要，即使当前抗疫医疗产品的储备是足够的，也可能在未来因新冠肺炎疫情的突然暴发而陷入短缺当中。而当新冠肺炎疫情不复存在的时候，即使国内抗疫医疗产品的储备为零，也因为不再需要抗疫医疗产品而不构成短缺。但是在疫情背景下，要便利地获取所需要的份额并非易事，新冠肺炎疫情的彻底结束也遥遥无期。换言之，导致实施出口限制的条件是一直存在的，因而各成员实施出口限制的理由就是成立的。

综上所述，在新冠肺炎疫情的特殊背景之下，WTO 关于短缺的定义存在着自相矛盾的问题。如果应用第 11.2 条对于“短缺”一词的解释，则成员无论出于何种理由都似乎不应该对抗疫医疗产品使用出口限制。而应用第 20 条，成员几乎可以无限制地将出口限制维持下去。这是 WTO 协定条款的不足之处，体现出来的是 WTO 缺乏与疫情相关的出口限制的适当规制。

四、抗疫医疗产品出口限制约束机制的构建建议

WTO 一些成员为应对疫情而出台的政策表明，成员间的政策有时缺乏国际协调。有些成员为了应对产品供应短缺问题，对抗疫医疗产品实施出口限制，政府政策推高了关键必需品的世界价格，使依赖进口的低收入国家获得这些必需品变得更加艰难。为此，应当建立抗疫医疗产品出口限制约束机制，通过该机制在各类国际贸易协定中发挥作用，减少类似新冠肺炎疫情等突发事件造成的影响，并协调政策，保证关键抗疫医疗产品的全球供应。

（一）构建抗疫医疗产品出口限制约束机制的目的

新冠肺炎疫情暴发至今已两年多，时至今日也不见有彻底平息的迹象，堪称是人类进入 21 世纪以来，传播范围最大、时间跨度最长的全球性传染病。为了阻断新冠肺炎疫情的传播，国际旅行和国际货运都一度中断，致使国际贸易和社会经济都受到重创，造成的破坏性影响遗留到了现在。

从理论上来说，假设国际贸易中存在着充足并且流通自由的抗疫医疗产品，则新冠肺炎疫情可以在短时间内得到有效控制，并将其影响降至最低。但是实际上，各国都对抗疫医疗产品的贸易设置过或多或少的阻碍，耽误了对新冠肺炎疫情的防治。这是因为国际贸易协定的制定者们从来没有考虑过传染病可以对国际贸易产生如此大的影响，毕竟自 1918 年西班牙大流感以来，过去一百年间全球规模的传染病多为季节性传染病，并没有哪一次如新冠病毒一般对全球经济造成如此巨大的冲击，因此国际贸易协定中对抗疫医疗产品贸易的规制几乎没有。

如果说国际贸易协定的制定者们能够从此次疫情危机中吸取经验教训，首要的就应该是在今后的国际贸易协定中加入在疫情之下能确保抗疫医疗产品自由贸易的条款。作为约束出口方的重要条款，出口限制约束机制条款能够在国际市场物资紧张的状态下，有效约束出口方任意使用出口限制措施，防止出现因为出口方设置障碍加剧物资短缺的状况。

（二）建立科学的疫情评价体系

尽管新冠肺炎疫情在宏观上对全球造成了严重危害，但在微观的国家和地区个体上，新冠肺炎疫情的危害程度和风险程度并不完全一致，而且在不同时间内，同一个体的风险程度也存在变化。但是，贸易政策却具有相对稳定的特点，短的可能会持续几个月，长的可能会长达数年，相对于疫情形势变化而言，贸易政策的变化存在滞后。假设当一个国家已经将疫情控制在低风险状态，并且将在一个较长的时间内继续保持该状态，那么该国之前在高风险状态下制定的贸易政策可能就不再适合当前的情况，继续保持该贸易政策显然就是不适当的。事实上，在新冠肺炎疫情中，有些低风险国家并没有受到疫情的太大影响和冲击，但是依然选择了同高风险国家一样严苛的贸易政策，究其原因不过就是因为看到其他国家都采取了严苛的贸易政策，也跟风或者“恐慌性”地实施严苛的贸易政策。这种恐慌之下制定的贸易政策对于抗疫医疗产品的自由流通是十分不利的，对改善全球的疫情状况是一种阻碍。

改善贸易政策的滞后性，需要准确掌握疫情的变化，更加灵活地运用政策工具。表现在抗疫医疗产品出口限制约束机制上，就是首先应当明确在什么情况下可以启动该机制，又要在什么情况下停止。抗疫医疗产品出口限制约束机制是应对疫情的策略，是临时的措施，不应当成为国际贸易中的常态化机制，因此准确掌握疫情的变化是有必要的。一般而言，作为国际公共卫生组织的世界卫生组织掌握着疫情变化的具体情况，而对贸易政策的审议却掌握在 WTO 的手里。所以，在当前的国际贸易中存在一个两难的问题，那就是 WTO 虽然有权力要求成员停止使用贸易限制措施，但是却不能评估该成员的疫情风险程度，所以无法决定该成员应该在多大程度上进行贸易限制，而世界卫生组织作为公共卫生方面的权威，有能力评估疫情风险，也能对成员是否应当进行贸易限制提供建议，却无法让建议变成现实，只能做口头呼吁。其他的区域经济组织和区域公共卫生组织也存在着与 WTO 和世界卫生组织类似的问题。因此，在一个具有抗疫医疗产品出口限制约束机制的贸易协定中，想要增强抗疫医疗产品出口限制约束机制的灵活性，首先应该在协定中引入一个国际或区域公共卫生组织并由其建立起科学的疫情评价体系。

一个科学的疫情防控评价体系包括三个方面：第一，对缔约方疫情风险程度的评估。第二，对疫情国所需要的抗疫医疗产品数量的评估。第三，对使用抗疫医疗产品出口限制措施必要性的评估。

对疫情风险程度的评估需要对疾病做全方位的了解，包括其传染能力、潜伏周期、致死率等，这有助于缔约方了解当前疾病的危害程度，可以根据该程度判断如何进行医疗产品的贸易。当疫情的风险程度高时，应当及时在医疗产品中确定抗疫医疗产品的种类，如果疫情风险程度有继续上升的风险，还可以适当扩大抗疫医疗产品的种类范围，并且启动抗疫医疗产品出口限制约束机制，以确保疫情国除本国生产之外还能通过国际贸易的渠道获得抗疫医疗产品；当疫情的风险程度有所回落并将长期保持低风险状态时，应当考虑是否需要停止抗疫医疗产品出口限制约束机制，缩小抗疫医疗产品的种类范围，将医疗产品的国际贸易恢复到正常状态当中。

为了将抗疫医疗产品的使用效率最大化，需要对疫情国所需要的抗疫医疗产品数量作出评估。构建抗疫医疗产品出口限制约束机制的目的之一就是解决疫情之下抗疫医疗产品短缺的问题，解决短缺的办法无外乎开源和节流两种，在开源不够的情况下，节流也能在解决短缺的问题上发挥重要作用。对疫情国所需要的抗疫医疗产品数量作出评估就是为了让抗疫医疗产品出口限制约束机制发挥节流的作用。当出口国作为疫情国时，如果其所需要的抗疫医疗产品数量低于其本国抗疫医疗产品的产能，但出口国对抗疫医疗产品采取出口限制的，其他缔约方可以通过出口限制约束机制要求其停止使用出口限制，并在保留本国使用量的前提下继续出口；反之，当出口国所需要的抗疫医疗产品数量超出其本国产能时，应允许出口国对抗疫医疗产品施加出口限制，其他缔约方不能再通过出口限制约束机制进行反制。数量评估对作为进口国的疫情国同样适用。评估进口国所需要的抗疫医疗产品数量，再与进口国能够获取的进口数量相对比，可以确定进口国国内是否已经存在足够的医疗资源并且避免进口国国内过度囤积居奇或为逐利进行国际转运。当进口国国内所需要的抗疫医疗产品数量超过进口国的进口量时，则应该通过出口限制约束机制要求进口国先对其所需要的抗疫医疗产品进行出口限制，防止个别进口国利用所加入的不同的国际贸易协定进行牟利性质的国际转运而耽搁了本国的抗疫进程；或者当进口量大于所需要的数量时，要求进口国放开出口限制，防止进口国过度囤积居奇，挤占本来可以被其他疫情国及时获取的紧缺物资的份额。

无论出口国是疫情国还是进口国是疫情国，只要发生了经评估后被认为构成威胁国民健康并具有一定传播能力的疾病，缔约方也对与该疾病相关的抗疫医疗产品施加了出口限制，则其他缔约方有权向负责评估的区域或国际公共卫生组织申请对该出口限制措施进行必要性审查。以出口国作为疫情国为例，如果出口国所需要的抗疫医疗产品数量高于其本国产能但相差并不多，然而出口国依然以保护本国国民健康为理由禁止出口全部种类的抗疫医疗产品，致使国际市场中因出口国的限制而出现短缺与价格飙升，则出口国这一行为就有可能被判断为不必要的出口限制。作为评估机构的公共卫生组织根据抗疫医疗产品出口限制约束机制的具体内容可以要求或建议出口国更改出口限制措施，譬如将出口禁令改为许可证或配额，放开部分种类抗疫医疗产品的出口限制。如果出口国的出口限制未影响到抗疫医疗产品的国际贸易，并且承诺在短时间内解除，那么评估机构也可以选择不启动抗疫医疗产品出口限制约束机制。总而言之，对出口限制措施必要性的评估是为了避免恐慌性出口限制对国际市场造成的冲击。

虽然在国际法上国家主权神圣不可侵犯，即使是国际组织也不能够干涉国家的主权行为。但是在面临诸如疫情之类的需要人类共同面对并解决的问题时，协定的缔约方应当尊重公共卫生组织作出的评估，接受其建议，摒弃政治分歧，以科学的态度应对灾害。同时，疫情评价体系作为抗疫医疗产品出口限制约束机制的重要依据，应当对疫情风险进行多次评估，随时向缔约方提供疫情变化情况，以便缔约方能够及时调整贸易政策。

（三）规范出口约束机制中的四个参数

新冠肺炎疫情之下能不能对抗疫医疗产品使用出口限制？答案当然是可以的，只要成员使用的出口限制不会对抗疫医疗产品的国际供应链和全球疫情防控造成困扰，适当地对抗疫医疗产品使用出口限制其实有助于帮助疫情国快速控制疫情。抗疫医疗产品出口限制约束机制想要维持住这种适当的出口限制，就一定要规范好风险程度、针对性、透明度和临时性这四个参数。

风险程度是指实施出口限制的水平要与实施出口限制的国家遭受疫情的风险水平相匹配。缔约方所使用的出口限制依照严格程度排序依次是出口禁令、出口许可、数量配额。

国家或地区遭受疫情的风险水平可以分为低风险、中风险和高风险①。当建立抗疫医疗产品出口限制约束机制时，要将实施出口限制的水平与该国的疫情风险程度匹配起来，防止低风险国家使用过高的出口限制标准。

针对性是指出口限制的适用范围应该明确、有限和必要。在前文中已经提到过，要对疫情建立科学的评价体系，对缔约方疫情风险程度、疫情国所需要的抗疫医疗产品的种类和数量、对使用抗疫医疗产品出口限制措施的必要性进行评估。这些都是针对性的体现。

透明度是指实施出口限制的国家应及时更新相关信息。当前各主要贸易协定，包括 WTO 在内，都对透明度作出了要求，但是这些要求普遍没有得到严格的遵守。以 WTO 为例，WTO 的规定并不足以要求成员及时提供有关出口限制措施的信息，时至今日，WTO 成员通知新的出口限制的义务也只是在出口限制使用后的六个月内发出通知，在新冠肺炎疫情这种紧张时刻，实在不能用高效来形容。鉴于抗疫医疗产品出口限制约束机制是在紧急状态下所使用的特别机制，对于成员的透明度要求也应当随之提高，例如将及时通知的时间限制在 48 小时之内，实施的出口限制的内容应该通过出口限制约束机制要求的渠道直接提供给其他缔约方等。

临时性既是指出口限制不能永久适用，也是指要明确出口限制的具体使用时间。在疫情中，一部分国家对抗疫医疗产品出口限制的使用时间一改再改，从最开始使用的三个月改到一年甚至更久，更有甚者直接将出口限制的使用时间定义为整个新冠肺炎疫情期间，这些都是不利于全球抗疫的做法，也是滥用了临时性的标准。在构建抗疫医疗产品出口限制约束机制时，应当要求缔约方在使用出口限制时要明确出口限制结束的时间和条件，不能以模糊的概念代替，要在使用出口限制的条款中加入日落条款，具体规定在多次使用出口限制时所需要的间隔时间和条件。

五、结语

在世贸组织第十二届部长级会议召开前，中国等 25 个成员提出要求采取取消医疗物资和医疗设备出口限制、促进公平获得、加强透明度审查等措施的议题②。采取出口限制之类的临时贸易措施在短期内对保证本国物资供应确实有一定的积极作用，但从更广泛的层面和更长远来看无异于饮鸩止渴，应该谨慎为之。虽然 GATT 1994 第 20 条允许成员以保护人类生命健康为由实施贸易限制，但是当以保护人类生命健康为目的的贸易限制本身就在伤害人类生命健康时，这样的矛盾又该如何化解？所以，应当认识到在第二次世界大战后建立起来的世贸组织，在面对新冠肺炎疫情下的贸易限制时尚存在诸多不足。病毒和人一样，也在不断地发展，未来有一天世界或许将面对新的大流行，如果不对现有的医疗产品贸易规则加以改革，在面对下一次大流行时困扰抗疫医疗产品国际贸易的就还将是同样的问题。因此，从现在开始构建抗疫医疗产品出口限制约束机制实际上就是以贸易的方式构建人类卫生健康共同体，以一个成熟、温和、具有道德准则的多边贸易体制来捍卫人类最基本的生存和发展权利。

---

① 根据中国在疫情前期发布的标准，低风险是指无确诊病例或连续 14 天无新增确诊病例；中风险是指 14 天内有新增确诊病例，确诊病例累计不超过 50 例，或累计确诊病例超过 50 例，14 天内未发生聚集性疫情；高风险是指累计病例超过 50 例，14 天内有聚集性疫情发生。

② COVID－19 and beyond: Trade and health. WT/Gc/W/823/Rev8. (2022－02－18). https://www.wto.org/english/tratop_e/covid19_e/proposals_e.htm.

学术会议综述

“2021 国际经贸治理论坛”观点综述

2021 年 10 月 22 日，“2021 国际经贸治理论坛”在上海对外经贸大学古北校区隆重举办。本次论坛由世界贸易组织（WTO）、商务部国际贸易经济合作研究院、中国世界贸易组织研究会、中国法学会世界贸易组织法研究会和上海对外经贸大学共同主办，上海对外经贸大学贸易谈判学院、世界贸易组织讲席（中国）研究院、教育部国别和区域研究备案基地世界贸易组织研究中心、上海高校智库国际经贸治理与中国改革开放联合研究中心、教育部高层次国际化人才培养创新实践基地共同承办。本次论坛得到了世界贸易组织讲席计划的支持。

论坛开始前，上海对外经贸大学校长汪荣明和党委副书记许玫会见了全球经贸治理研究网络总顾问、WTO 前副总干事易小准，中国世界贸易组织研究会、商务部世贸司原司长洪晓东，上海市商务委员会副主任张国华等与会嘉宾。

WTO 副总干事张向晨，全球经贸治理研究网络总顾问、WTO 前副总干事易小准，中国世界贸易组织研究会会长崇泉，商务部国际贸易经济合作研究院副院长俞子荣，中国国际贸易学会会长金旭，中国世界贸易组织研究会、商务部世贸司原司长洪晓东，世界贸易组织首席经济学家、经济研究与统计司司长罗伯特·库普曼（Robert Koopman），WTO 知识和信息管理、学术推广和 WTO 讲席计划司司长沃纳·兹杜克（Werner Zdouc），联合国亚太经社理事会贸易、投资与创新司原司长米娅·米奇（Mia Mikic），中国常驻世界贸易组织代表团参赞徐清军，上海市商务委员会副主任张国华，中国国际贸易学会副会长李钢，对外经济贸易大学国家对外开放研究院院长林桂军，上海市商务发展研究中心主任黄宇等领导和嘉宾出席本次论坛。来自全国各地高校、科研院所、企业的嘉宾和上海对外经贸大学的专家学者及学生约 150 人参加论坛。上海对外经贸大学党委副书记许玫主持论坛开幕式。

校长汪荣明在开幕式上致欢迎辞。他指出，学校自 1960 年创立以来，始终坚持培养高层次、国际化、应用型的经贸人才，始终坚持科研服务国家和上海经济社会发展的方向，为我国经贸事业的发展和“复关”、“入世”、“上海自贸区”、“一带一路”建设等提供了重要的人才支持和智力支撑，并由此成为 WTO 首批、中国首所世界贸易组织讲席院校。本届论坛意义非凡，由易小准先生倡议发起的全球经贸治理研究网络——上海对外经贸大学研究院正式成立，将通过构建由各国大使、外交官、国际一流学者组成的顶级研究平台，与国际学者、国际组织、国际智库的研究保持同步，从而切实落实习近平总书记在中共中央政治局第三十次集体学习时的讲话，讲好中国故事，传播好中国声音，展示真实、立体、全面的中国。

随后，汪荣明向易小准颁发上海对外经贸大学顾问聘书，并与易小准、张国华和许玫一起为全球经贸治理研究网络——上海对外经贸大学研究院揭牌。

在开幕致辞环节，张向晨特别肯定了上海特别是上海对外经贸大学专家学者对我国

“复关”“入世”所作的积极贡献。他指出，上海对外经贸大学是WTO首批讲席计划承担单位，张磊教授是WTO历史上首批讲席特聘教授，学校还是WTO设在中国的第一个区域贸易政策培训合作伙伴，上海对外经贸大学可充分利用这些平台极大地提高WTO领域的学术研究和政策研究水平。一旦疫情缓解，我们将即刻启动WTO亚太培训中心的相关培训。

易小准在开幕致辞中指出，中国“入世”不仅推动了世界经济全球化的全面提速，而且也标志着WTO终于成为一个名副其实的世界性的贸易组织。“入世”20年来，中国的经济发展超出了世界上绝大多数人的预期，甚至也远超包括他在内的主要谈判人员的想象力。可以说，在加入WTO之后的20年中，中国既是多边贸易体制的最大受益方之一，也是最大的贡献者。但中国作为快速发展的发展中大国，对自己在20年来取得的成绩也绝不能自满，改革开放永不停步是我们化解当前面临的诸多国际矛盾的不二选择。同时，中国还应当主动承担起与自己发展水平相匹配的国际义务，为多边贸易体制提供更多的公共产品。他还希望新成立的全球经贸治理研究网络及其上海对外经贸大学研究院能够充分利用WTO研究方面的优势，发挥在学术界的作用，加强与WTO秘书处的合作，为中国的改革开放和世界贸易组织的改革建言献策。

崇泉在开幕致辞中指出，就WTO改革所面临的问题，所有的WTO成员都认识到多边贸易体制的重要作用，推动WTO和多边贸易治理体制进行改革，并尽快取得突破性进展，已经成为所有WTO成员的共同诉求。虽然各成员对于WTO改革的方案还无法统一，但是各成员都同意WTO应当在全球贸易治理方面发挥独一无二的作用，尤其是在新冠肺炎疫情大流行的背景下，用创新灵活的方式找到推动WTO改革的方式方法，符合所有WTO成员的共同利益。他指出，第一，应重建信任和共同目标感；第二，发展中国家融入全球价值链至关重要；第三，消除WTO改革中的政治因素；第四，循序渐进推动WTO改革；第五，发挥主要成员的领导力；第六，促进利益相关方的参与；第七，加强世贸组织的机构运作效率。

俞子荣对研究院的揭牌致以热烈的祝贺，并从经济全球化的方式正在深度调整、全球经贸治理的格局正在全面重构、全球产业链供应链正面临系统性重组等三个方面谈了他对当前全球经贸治理现状和发展趋势的看法。第一，经济全球化的方式正在深度调整。从原来理想主义、激进主义的全球化转向现实主义的全球化，全球化出现减速，新型全球化正在快速成长。在具体改革方向上，一是要坚持多边主义和开放的区域主义的良性融合，进一步推进贸易投资自由化便利化，维护全球产业链供应链的稳定顺畅和全球金融体系稳健运行；二是要巩固二十国集团作为全球经济治理主要平台的作用，加强主要经济体之间的宏观经济政策协调，消除和化解潜在风险；三是要坚定维护世界贸易组织在全球经贸治理体系中的核心地位。第二，全球经贸治理的格局正在全面重构。区域贸易协定的数量以及货物贸易、服务贸易及投资领域的内容都发生了变化。开放的区域主义和多边主义可以相互融合，最终促进多边主义的新发展。第三，全球产业链供应链正面临系统性重组。本地化、区域化、短链化成为新特点。中国应保持战略定力和开放姿态，努力确保产业链供应链的安全稳定，增强产业链供应链的自主可控能力，同时继续为全球经济复苏提供支撑和动能。

张国华在开幕致辞中介绍了上海肩负改革重任，不断扩大改革开放，积极参与全球经贸治理所取得的成就，并表示将一如既往地支持研究院的建设和发展，共同致力于构建高水平的全球经贸治理研究网络。

论坛主旨演讲环节由世界贸易组织讲席特聘教授，上海对外经贸大学贸易谈判学院、世界贸易组织讲席（中国）研究院院长张磊主持。

在“新冠肺炎疫情与国际贸易相关议题”的主题研讨中，罗伯特·库普曼、米娅·米奇、金旭、徐清军和林桂军分别以“多边贸易体系如何应对疫情”“新冠肺炎疫情与贸易保护主义”“新冠肺炎疫情影响下的外经贸形势”“新冠肺炎疫情对国际贸易的影响”“WTO 改革中的发展中国家地位问题”为题发表专题演讲。

罗伯特·库普曼首先提及了背景，指出经济在疫情下受到了重创，在贸易方面，货物贸易有一个回弹。在供应方面，尤其是医疗产品上的一些供给在经济上有所增加。对比新冠肺炎疫情前的情况，疫情对旅游也产生了很大影响。服务贸易逐渐恢复，旅游业逐渐放开，但在新冠肺炎疫情的情况下，之后有可能也还是会处于比较弱的状态。此外，贸易受到了一些出口限制，其中包括非常重要的疫苗和疫苗运输。在疫苗出口方面，中国对此作了诸多贡献，包括疫苗捐赠，中国将其生产的疫苗分发到世界各地。美国和印度也在出口疫苗，对于疫苗的相关投入，许多国家表示了兴趣，并认为这是其加入全球经济的一种很好方式。针对疫苗生产的集中，我们要增加疫苗在更多地缘政治上的供给，疫苗的供给和分配不应带入政治因素。由于需要来自不同国家的要素，疫苗的生产存在一些挑战。基于此，地缘区域能够作出贡献。

米娅·米奇具体谈及了两个问题。其一，多边和双边贸易中的环境；其二，机制重组。对于第一个问题，他指出，疫情下人们已经意识到了公共健康领域现有政策的不足。出口限制的政策，特别是在医疗产品方面的大量出口限制，显示了很多政策的引导作用。20 国未取消对待紧急情况的临时措施，这违背了其 2020 年作出的承诺，通过其他政策促进发展也不足以中和这一负面影响。米娅·米奇指出，我们现在对这些政策的自满，其中的原因可能是多边体系贸易规则的削弱。对于第二个问题，全球化固然有其好处，但过度的全球化在供应链中也会产生一定的负面影响，特别在国际金融危机后，人们减少了对出口增长的依赖。2020 年后，全球化的负面情况包括了不平等现象、环境问题、交通物流问题等。在医药、健康等对国际安全非常重要的领域，国家依赖这种价值链的生产，这是现在我们真正所面临的一些问题。制造地点的变迁、价值链地点的变迁等影响着全球价值链。因此，流动需要更加透明。此外，有关边境的调整还存在诸多规则问题，例如人权、劳工等其他标准问题。这些问题的解决还处于不确定的局面，这些问题早已存在，疫情将问题变得更加尖锐。

金旭在会上指出了新冠肺炎疫情对我们的影响，累计确诊人数前所未有，死亡人数令人震惊。他表示，陆续增加的新冠病毒确诊病例要求我们不能放松警惕，其对经济发展、国际事务的影响不可忽视，但基于整体趋势，我们有理由持乐观看法。新冠肺炎疫情对中国乃至世界经济造成重大打击时，很多地方也有了转型，找到了新的增长点。在疫情条件下产生了新的产业、新的业态，包括中国的海外仓、市场采购、综合服务企业等，经济在慢慢复苏，中国服贸会非常活跃，市场在不断回暖。此外，在可喜的经济数字下，能源价格、能源短缺、物价波动、企业生存还存在着挑战性，需要不断改善。整个消费市场虽有复苏，但整体还不够强硬，较为疲软，传统出口企业 2021 年订单大幅减少。总体上，传统的出口产业、传统思维也在发生根本性改变。在疫情之外，自然灾害、贸易单边主义等也同样具有挑战性。未来，在世界饱受疫情、经济威胁时，合作恐是唯一途径。

徐清军指出，基于日内瓦的视角观察，新冠肺炎疫情对国际贸易的影响体现为三个特点：一是国际贸易的韧性；二是国际贸易的可持续性；三是国际贸易的人文关怀。从国际贸易的韧性看，10 月 4 日，WTO 发布更新版的贸易统计展望，预测全球货物贸易额增长 10.8%，其预测数本身体现了国际贸易的韧性。此外，WTO 也预测了世界贸易额增长 10.8%，世界经济增长 5.3%，世界贸易增速达到世界经济增速的 2 倍，恢复到 2008 年国际金融危机之前的趋势水平，这也体现了国际贸易的韧性。从国际贸易的可持续性看，应对新冠肺炎疫情和气候变化是国际贸易的优先选项。世界贸易组织要发挥作用，必须处理 21 世纪的问题，需要解决成员关注的问题，2021 年尤其体现在了疫苗上。针对气候变化问题，国际贸易的可持续性主要体现在三个方面。一是中方倡导推荐的“塑料污染与环境可持续塑料贸易”非正式对话倡议；二是欧盟引导的贸易和环境可持续结构性讨论；三是新西兰等提出的化石燃料补贴提案。此外，欧盟声称旨在减少碳泄漏的碳边界调整机制也受到了成员的关注。从国际贸易人文关怀看，国际贸易的人文关怀越来越重要。贸易是关乎人的，2021 年，对有关中小微企业、妇女和青年来说，贸易是其就业和创业的生命线；对整个世界经济来说，贸易帮助家庭、企业和政府应对新冠肺炎疫情冲击，有助于经济复苏。最后，他指出，新冠肺炎疫情暴露的另一个问题是，世界贸易组织成员需要克服当前国际贸易规则体系中的碎片化问题，创建一个基于平等和团结的真正有效的多边贸易体制。在百年未有大变局和新冠肺炎疫情的双重影响下，贯彻以人民为中心的发展思想，如何力所能及地推动国际经贸规则重构、国际经贸治理变革，值得大家关注。

林桂军通过模型分析特殊与差别待遇（SDT）对发展中国家的影响，他指出，按照悲观的说法，即便我们增加特殊与差别待遇的供给，发展中国家也不会受益。因此，我们应该对特殊与差别待遇进行改革，从而提高其有效性。要改革 SDT 需要选择一些灵活的方式和设置，所谓灵活的基本模式，就是以贸易便利化、协定各国自主选择承诺模式为基准，进行不同的变化。目前，WTO 对特定主体提供的不同形式的 SDT 条款包含 5 类：一是增加发展中国家的贸易机会；二是确保发展中国家的利益；三是政策的灵活性；四是过渡条款；五是技术援助。对第一点，可以看到，《实施卫生与植物卫生措施协定》（简称 SPS）对穷国在产品标准、城市要求、透明度等方面给予了灵活性。能力建设方面，贸易便利化将协定的履行和技术援助挂钩，创立了所谓“《贸易便利化协定》（Trade Facilitation，TFA）执行”的灵活模式。对第二点，类似贸易便利化自主选择的模式存在一定程度的灵活性，在这方面，未来完全可以吸收 WTO 已有经验，将灵活性注入谈判过程中。对第三点，许多发展中国家可以承担类似 SPS 10.5 条等的规定，我们可以承担提供翻译工作，或不要求任何国家给我们提供翻译。对第四点，过渡期方面，最典型的是贸易便利化协定。成员采用贸易便利化自主选择落实 SDT。在这个过程中，将协议的履行和各种资助方式、援助方式结合起来，灵活设计 SDT 条款。对第五点，根据《技术性贸易壁垒协议》（TBT）、SPS 可以允许不同国家提出自己所关心的议题，解决这些议题的需求同样可以把灵活的工具引入诸多谈判中去。最后，应该允许发达国家提出 SDT，调动发达国家参与未来谈判的积极性。

在“WTO 改革研讨”环节，沃纳 · 兹杜克、洪晓东、李钢和黄宇分别以“WTO 改革面临的新挑战”“WTO 改革和 WTO 第 12 届部长级会议议题分析和建议”“WTO 改革与中国的角色”“探索数字贸易新规则——为 WTO 改革提供新思路新路径”等为题发表专题演讲。

沃纳·兹杜克指出，中国加入 WTO 已有 20 年的时间，在这段时间里，由于中国的加入，全世界都从中受益。WTO 目前面临着很多新挑战，包括气候变化危机、宏观经济的问题、可持续发展、可循环经济、电子商务和中小微型企业的改革等。自从乌拉圭回合谈判以来，国内的补贴以及市场准入条件已经受到了特殊的国内机构的影响，包括利益相关者的利益受到损害，所以农业问题将成为首要谈论的话题。他还提到发展的便利化也是需要极力推进的，而且一些由发展中国家如中国或者是不发达国家所支持的方式在这个讨论当中都是得到支持的。对于诸多矛盾，他认为要将投资便利化、农业，还有塑料污染问题、补贴和规则，包括官方的补贴、产能过剩、渔业补贴的豁免等议题融入整个改革中。对于通过诸边协定的途径来解决这些电子商务和渔业补贴问题，应将重点放在两个方面：第一，成员要在信息技术方面达成一致；第二，更重要的是对于成员开放的条款，应该对其他非会员的 WTO 成员根据其实际条件开放。

洪晓东主要介绍了各国对于 WTO 改革的态度。首先，欧盟提出在 WTO 中成立工作组，是首次建设性地在 WTO 内部进行讨论，但需要注意两个问题：一是除二十国集团（G20）以外的其他成员能否认识到 WTO 改革的意义并支持成立工作组；二是工作组成立后的工作内容，过多的提案会导致其负担过重。其次，他从目前 WTO 面临的几个重要议题入手，逐个分析了发展趋势：第一，重振 WTO 谈判功能，目前进行中的渔业谈判能否达成一致对 WTO 谈判功能的恢复十分重要，需要中美欧三方的合作与努力。重点促进 WTO 的包容性和发展中国家的参与，投资便利化基本上有 129 个成员参与，美国加入投资便利化协定也是很有可能的。但电子商务由于数据流动、数据库本地化的问题，想要美国加入比较困难。第二，疫情的共同应对，欧盟不同意 TRIPS 豁免，但是在健康和贸易提案中美欧都同意。第三，维护 WTO 的权威性和有效性。各成员应加强信任，维护权威性和有效性；尽早恢复上诉机构，维护 WTO 的争端解决机制；求同存异，寻求合作的领域和议题；由易到难，在容易的议题上先取得实际成果。

李钢在会议上从四个方面对 WTO 改革和中国角色进行了分析：第一，WTO 改革的原因在于，进入 21 世纪，WTO 构建当中的规则体系已经落后于世界经济贸易发展的需要。第二，WTO 改革的内容包括 WTO 自身的谈判、决策、监督，争端解决机制的重塑等。既包括对发展中国家的差别性待遇、WTO 和公共政策等现有规则如何做进一步的完善，也包括拓展新的领域、制定新的规则。第三，WTO 由谁主导，中国已经从 WTO 多边规则的学习者、追随者转变为主动维护者和建设者，我们在 WTO 中必须扮演重要角色之一，与其他缔约方通力合作推动 WTO 改革进程。第四，WTO 的改革办法，由于谈判各方的诉求和立场差异非常大，应本着“先易后难，先急后缓，分类分项”的原则来进行 WTO 的渐进改革。

黄宇在会议上从上海的角度切入，汇报了上海在数字贸易规则和标准方面的积极探索。第一，从国际国内角度看，数字贸易呈现高速发展态势，成为我们推动国际贸易发展的新动力。第二，国际经贸规则正逐步从传统实体贸易延伸至虚拟的数字贸易领域，在为全球经贸治理创造新机遇的同时也带来了三个挑战：数据跨境流动限制较多；数据本地化存储要求分歧较大；知识产权保护有待加强。第三，数字贸易规则的制定已经成为新一轮国际贸易规则竞争的焦点。随后，她又对上海未来在数字贸易领域发展的治理方面参与和实践进行了总结，包括：其一，大力发展数字贸易，发挥各项优势，打造数字贸易全球枢纽港；其二，加快在数字贸易领域的扩大开放，积极推动建立畅通的国际测试，以及加工、定价、交易、存储、转移等关键环节的全球价值链运营服务体系；其三，更多地对标全球数字贸易发展的趋势，争取先行先试的政策试点。

最后，沃纳·兹杜克对本次论坛作总结发言，感谢中国讲席计划特别是张磊教授作为讲席特聘教授所作出的贡献。上海对外经贸大学贸易谈判学院、世界贸易组织讲席（中国）研究院副院长应品广致闭幕词，本次论坛圆满落幕。

SC-GTEG
上海高校智库

国际经贸治理与中国改革开放联合研究中心

Shanghai Center for Global Trade and Economic Governance(SC-GTEG)

Shanghai University of International Business and Economics, A member of Shanghai University Think-Tanks

附录　上海高校智库上海对外经贸大学国际经贸治理与中国改革开放联合研究中心简介

上海对外经贸大学国际经贸治理与中国改革开放联合研究中心（以下简称“智库”）成立于2013年，是上海市教育委员会批准设立的首批高校智库之一。智库致力于建设具有较大影响力和国际知名度且具有中国特色、中国风格、中国气派的高端智库，推动科学决策、民主决策，推进国家治理体系和治理能力现代化，增强国家软实力。

智库聚焦国际经贸治理领域，以中外合作为基础，以世界贸易组织讲席（WCP）为学术支撑，集合了世界贸易组织（WTO）、联合国贸易和发展会议（UNCTAD）等国际组织、研究机构的研究力量，与国际学者、国际组织、国际智库的研究保持同步，为我国实行更加积极主动的开放战略，完善互利共赢、多元平衡、安全高效的开放型经济体系和参与国际经贸治理献计献策。

目前，智库不仅实现了实体化的管理机制，建立起一整套规章管理制度，还在决策咨询、战略研究、国际交流和社会影响方面取得了诸多突破。

在制度建设方面，智库建立成果年度发布制度，并成立智库理事会和学术委员会，通过制度化方式制定中长期发展规划和确定研究方向。智库目前已形成约30人的固定研究队伍，并拥有10余位国外兼职研究专家，涉及经济学、法学、国际关系等多学科门类，开展交叉学科研究。

在决策咨询方面，智库对接国家有关部门，完成了多项定向发布的应急课题，撰写了大量决策咨询报告。在战略研究方面，智库围绕WTO改革、“一带一路”、大区域主义、自贸港区和国际贸易中心等下设9个研究室，形成专门的研究团队。智库积极开展全局性、战略性和前瞻性研究，多次承接国家有关部门应急研究项目，受邀参加二十国集团（G20）智库会议（T20）的网络活动，参与G20峰会相关贸易议题研究。

在国际合作方面，智库参与我国首个WTO讲席计划，智库主任张磊教授为我国首位WTO讲席特聘教授。智库还吸引国际一流专家参与研究工作，并受邀参与国际组织技术援助，每年与国际机构联合举办学术研讨会。

在社会影响方面，智库标志性成果不断丰富，每年出版《中国世界贸易组织评论》和《国际经贸治理评论》等出版物，每月发布《国际经贸治理动态》，在《国际商报》等媒体开设“国际经贸治理”专栏。智库还被中国服务贸易协会授予“全国服务贸易创新研究基地”。2017 年，智库入选中国社会科学院直属机构中国社会科学评价研究院遴选的“中国智库综合评价核心智库榜单”；2018 年，智库入选“中国智库索引”（CTTI）高校智库百强榜单，成为全国“A 区高校智库”。

智库工作得到了我国主管部门、国际组织和国际同行的充分肯定。

《中国世界贸易组织评论》约稿启事

世界贸易组织讲席计划（WTO Chairs Programme，简称 WCP）旨在通过在全球范围内选拔院校设立世贸组织讲席并与之长期合作、资助讲席特聘教授的学术活动以此推动国际贸易和贸易合作领域的教育、研究和信息传播，加强发展中国家的学术界、公众、政策制定机构对贸易体制的认知和理解。世贸组织秘书处在提供技术援助时会将这些机构视为官方合作伙伴。

2009 年 11 月，经过与全球 70 多个国家的大学的激烈竞争，上海对外经贸大学最终荣获世贸组织（含关贸总协定）历史上的首批讲席院校，贸易谈判学院（前身为“WTO 研究教育学院”）院长张磊教授同时被任命为世贸组织历史上的首批讲席特聘教授（WTO Chair Holder）。

依托世贸组织讲席计划，上海对外经贸大学与世界贸易组织（WTO）、联合国国际贸易中心（ITC）、联合国贸发会议虚拟学院（UNCTAD VI）、联合国亚太经社理事会贸易研究与培训网络（UNESCAP/ARTNeT）等国际机构建立了合作关系，与世界上主要 WTO 学术机构建立了密切合作关系。上海对外经贸大学还设立了世界贸易组织法硕士点，开发了由世贸组织秘书处专家设计的、与国际著名院校保持一致的研究生课程体系，并成立了世界贸易组织讲席（中国）研究院、教育部国别和区域研究备案基地世界贸易组织研究中心等学术研究机构，承担了大量的国内外科研项目，取得了很多重要成果。

在此背景下，上海对外经贸大学贸易谈判学院和世界贸易组织讲席（中国）研究院精心筹备推出了**《中国世界贸易组织评论》（China WTO Review）**，旨在构建一个全新的观点交流平台，容纳来自不同领域的关于世界贸易组织研究的真知灼见，为世贸组织改革以及中国参与国际经贸治理提供学术给养和决策建言。

《中国世界贸易组织评论》以一年一辑的形式出版，现向全社会公开征集稿件。所有稿件一经录用，编辑部将根据稿件质量支付**稿费 2 000～5 000 元，特别优秀的稿件还将给予额外奖励**，实行“优稿优酬”原则。热忱欢迎来自学术界、实务界、政府部门以及其他各界对 WTO 相关问题感兴趣的人士来稿。**约稿截止日期为每年的 8 月 31 日。**

来稿请以电子邮件的方式惠寄至以下地址：**maoyitanpan@126.com**。也可投稿至：上海市长宁区古北路 620 号综合楼 416 室，**《中国世界贸易组织评论》**编辑部；邮编：200336；电话：021－52067321。

附：投稿要求

1. 内容紧扣 WTO 主题、论证充分、结构严谨、文字精练，富于理论和实践价值。

2. 稿件字数在 1 万～2 万字（包括注释，特别优秀的论文可适当增加字数）。所有稿件请用 word 文件的电子版，并保证照片与图表的清晰度。

3. 提供 300 字以内的文章摘要和 3～5 个关键词，文章摘要应包括：论文所研究的主要问题、得出的基本结论以及提出的主要政策建议。

4. 提供作者通信地址、联系电话、电子邮箱，以便联系。

5. 作者需严格遵守学术规范，文责自负。编辑部有权对采用稿件做必要修改，如不同意请在来稿时声明。

6. 格式符合本刊要求，具体格式如下：

一、标题

主标题：居中，黑体小二号，加粗，段前 0.5 行，段后 0.5 行。

副标题：居中，华文中宋三号，加粗，段前 0.5 行，段后 0.5 行。

作者姓名：楷体四号、居中。

二、提要

正文前须附“内容提要”与“关键词”，左空两格，楷体五号字。内容提要为文章主要观点之提炼，字数在 200 字左右；关键词一般为 3～6 个。

三、正文

字号为五号，汉字字体为宋体，数字、字母为 Times New Roman，行距 1.5 倍。

一级标题为“一、二、三”，宋体小四加粗。

二级标题为“（一）、（二）、（三）”，宋体小四。

三级标题为“1.2.3.”，Times New Roman，小四。

页面设置：上空 37mm、下空 35mm、左空 28mm、右空 26mm。

四、注释

作者身份与论文引用请以脚注方式注明，每页单独编号，注码样式为①②③等，脚注文本采用宋体小五号。请注明作者姓名、学位、职称（职务）、单位及详细联系方式等个人资料。

非直接引用原文时，注释前加“参见”；非引用原始资料时，应注明“转引自”。

引用自己的作品时，请直接标明作者姓名，不要使用“拙文”等自谦词。

五、注释举例

注释格式参考《信息与文献参考文献著录规则》（GB/T 7714—2015），举例如下。

1. 著作类

① 胡长清. 中国民法总论. 北京：中国政法大学出版社，1997：20.

2. 论文类

① 苏永钦. 私法自治中的国家强制. 中外法学，2001（1）：18.

3. 文集类

① 萨利斯. 想象的真理//安东尼·弗卢. 西方哲学演讲录. 李超杰，译. 北京：商务印书馆，2000：112.

4. 译作类

① 卢梭. 社会契约论. 何兆武，译. 北京：商务印书馆，1980：55.

5. 报纸类

① 刘均庸. 论反腐倡廉的二元机制. 法制日报，2004－01－03.

6. 辞书类

① 新英汉法律词典. 北京：法律出版社，1998：24.